法大故事

第二辑

黄瑞宇 ○ 主编
李蕾 ○ 副主编

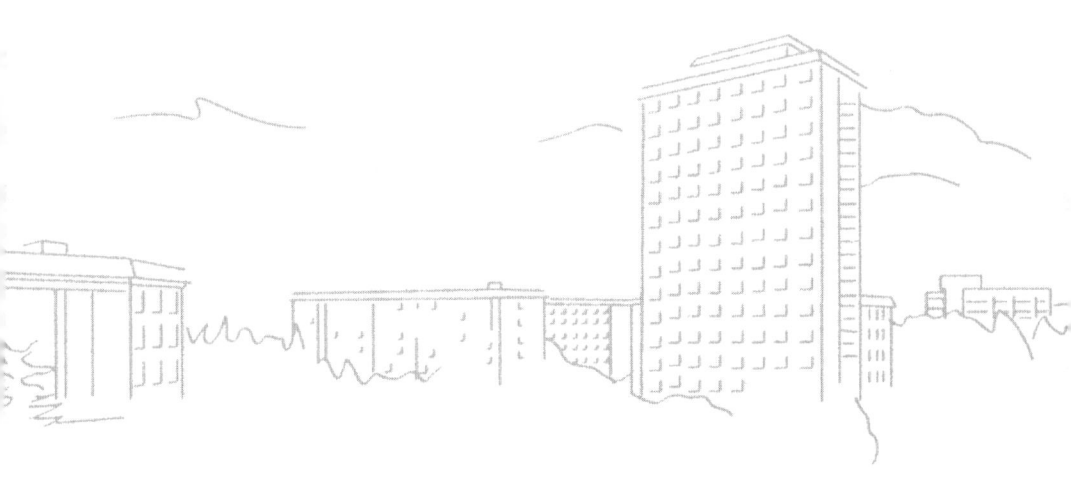

中国政法大学出版社
2021·北京

声　明　1. 版权所有，侵权必究。
　　　　2. 如有缺页、倒装问题，由出版社负责退换。

图书在版编目（CIP）数据

法大故事. 第二辑/黄瑞宇主编. —北京：中国政法大学出版社,2021.9
ISBN 978-7-5620-9825-6

Ⅰ.①法… Ⅱ.①黄… Ⅲ.①中国政法大学—概况　Ⅳ.①G649.281

中国版本图书馆CIP数据核字(2021)第021306号

书　　名	法大故事·第二辑 FADAGUSHI DIERJI
出版者	中国政法大学出版社
地　　址	北京市海淀区西土城路 25 号
邮　　箱	fadapress@163.com
网　　址	http://www.cuplpress.com（网络实名：中国政法大学出版社）
电　　话	010-58908466(第七编辑部) 010-58908334(邮购部)
承　　印	北京中科印刷有限公司
开　　本	650mm×960mm　1/16
印　　张	14.25
字　　数	165 千字
版　　次	2021 年 9 月第 1 版
印　　次	2021 年 9 月第 1 次印刷
定　　价	70.00 元

目录

筹法大于初诞，治法学之伊始
　　——致法大故事的开篇　　　　　　　　熊腾飞 / 001
高怀无近趣，清抱多远闻　　　　米　莉　张晓逸 / 009
钉！钉！钉！　　　　　　　　　刘　瑾　张泽楷 / 014
站在时代浪尖的大成领袖
　　——走近1979级校友彭雪峰　赵中名　乔逸如　孙宏毅 / 018
杜慧力：慧眼独具　力行致远　　　卢　炀　邝云曦 / 022
我的大学往事　　　　　　　　　　　　　　吴兴印 / 029
中国法律援助制度的前世今生　　　　　　　闫雪晴 / 033
佟丽华：一切为了正义　　　　　　陈泉廷　崔　赫 / 036
马新明：伉俪深情寄雪域，敢担当者立高原　陈泉廷　崔　赫 / 040
胡崇明：优秀检察官的创业之路　　　　　　张雪倩 / 043
彭燕：淡定赴苦宴，积极过人生　　　　　　闫雪晴 / 046

001

西部之路

　　——记一次难忘的社会实践活动　　　　　　　　　　袁　林 / 049

陶然酌饮叙半生　　　　　　　　　　　　　　　　　　何　嘉 / 055

瓢饮遇知己　封樽敬山河　　　　　　　　　　　　　　何　嘉 / 058

共甘苦　同斟酌　　　　　　　　　　　　　　　　　　何　嘉 / 061

别样的法大：军都山下无关法学的生活点滴　　　　　施兆军 / 064

邂逅太子港

　　——忆海地维和　　　　　　　　　　　　　　　林四松 / 070

法大基层校友张冠楠：在南疆促进民族团结

　　　　　　　　　　　　　　　　　阿孜古丽·艾尼玩尔 / 084

政法记忆　　　　　　　　　　　　　　　　　　　　郭思露 / 089

三载博闻一世缘

　　——忆我的法大学生会岁月　　　　　　　　　　张航玮 / 094

荒漠绿洲沁心脾，以身报国励后人　　　　　　　　闫雪晴 / 099

人生路口，情牵法大

　　——乒乓冠军的法大故事　　　赵中名　乔逸如　孙宏毅 / 103

王子嫣：寒来暑往　始终如一　赵中名　乔逸如　孙宏毅 / 107

冬夜，校长的一封回信　　　　　　　　　　　　　李正新 / 112

下一站，府学路 27 号　　　　　　　　　　　　　刘晓阳 / 120

杨军成：塞上旱塬，一颗红得耀眼的"种子"　　　　　　 / 128

情系母校　心向家国

　　——法大国防生成长在公益之路上的故事　　　　严培根 / 133

目 录

跨越半个世纪的法大情怀：三辈相守，血脉相承　　李　蕾　李欣颐 / 138

法大达州支教队：山那边的新年故事　　　　　　贺翼清　李小趣 / 145

五人小组："司考"路上的伙伴　　　　　　　　　　　　　杜　芬 / 149

立从戎报国志　做榜样法大人　　　　　　　　　　　　　王　凤 / 153

邂逅海子　　　　　　　　　　　　　　　　　　　　　张晓娟 / 162

法大精神，绚丽篇章　　　　　　　　　　　　　　　　高思雪 / 165

法大足协：绿茵内外　方寸之间

　　　　　　　　　　刁皓璇　王蕙巧　蒙映蓉　卢斯凌 / 169

我的阿勒泰：乌托邦与理想国　　　　　　　　　　　　崔传森 / 178

法大女足　铿锵玫瑰　　　　　赵中名　乔逸如　孙宏毅 / 186

法大法援人：公益法律实践团队　岳梦雪　李昕媛　董浩然 / 190

三年和三十年　　　　　　　　　　　　　　　　　　　刘婧星 / 196

听刘岩老师讲国庆后勤保障幕后的故事　　　　　　　　刘　岩 / 199

杨婷婷：十三年的守望　　　　　王馨悦　母洺宇　李玉箫 / 202

康乾伟：奋斗是对祖国最好的告白　孙可一　康卓吉　段梦圆 / 208

胡沛然：用成长为祖国献礼　　　徐菡蕊　陈昊昕　董嘉铭 / 212

黄琼芬：22方阵的"最美备份"

　　　　　　　　　　　　　　　　冯思琦　郎　朗　秦新智 / 216

筹法大于初诞，治法学之伊始*
——致法大故事的开篇

熊腾飞

教书治学，心系国家

1924年，一位年轻人从海外归来，心情急切而满怀抱负地回到了他的祖国。

而在此之前，他曾从清华大学被选送至美国北达科他州立大学，不久后又进入美国哈佛大学深造。1922年，他在美国哈佛大学获得文学硕士学位后继续在哈佛大学攻读哲学博士学位。其间经哈佛大学校长罗威尔先生介绍，到英国、法国、德国等地访问考察。两年后，获美国哈佛大学博士学位。

他就是钱端升，我们接下来这段故事中的主角。

回国后的钱端升，因为其在海外所获得的学术成就，很快进入了清华大学任教，教授政治学与宪法学。任教后的他深深爱上了这份伟大而平凡的职业，1927年，他又来到南京，任教于中央大学，不遗余力地传授着自己在美国所学习到的先进学术理论和自身潜心研究多年来的学术思想。

---

* 作者：熊腾飞，中国政法大学民商经济法学院2017级本科生。

钱端升以教书为乐，他逢人也总是说自己"以教书为业，也以教书为生"。

话虽如此，但而立之年的钱端升先生依旧如回国之时一样，满腔报国志向丝毫未曾湮灭。当时的中国民生凋敝，国内党派纷争不断，国外的列强依旧对中国虎视眈眈；文学硕士出身的钱端升眼看着祖国陷于混乱的泥潭，毅然拿起手中的笔杆，在《现代评论》杂志连续发表论述，强烈抗议"领事裁判权"，要求废除之并归还租界，他还主张吸取西方发展经验，并对完善中国行政系统提出了一系列的建议和主张；在后来担任《益世报》主笔期间，又曾在数月间发表议论170篇，对中国的诸多方面都进行了深入的分析探讨。引得柳亚子也写诗赞叹，留下"钱郎才气颇纵横，抵掌能谈政与兵。揽辔澄清吾已倦，论坛一臂汝能撑"的诗句。

然而，针砭时弊的他，终于招来某些政府高层人员的不满，钱端升不得不辞去主笔职务，继续回到大学任教。

单纯教书匠的生活，对于钱端升而言，显然太过惬意。国将不国，自己怎能苟且躲在象牙塔内而对窗外之事不闻不问呢？

抗日战争爆发后，钱端升在辛勤教学的同时，另一边也在不停地撰写有关国际时事的论文和学术研究的专著，并积极参加到巩固抗日统一战线的活动中来。这些学术专著不仅象征着钱端升先生学术水平的日渐纯青，也为他后来矢志推动中国民主法治建设进程埋下了伏笔。

推崇法治的他极度地痛恨独裁专制。当时作为国民参政会的参政员，钱端升曾无数次同张奚若、罗隆基、周炳林一道，当面指责蒋介石的独裁政治，虽然蒋介石身居高位，然而面对这几位知识分子时，依然不得不收敛做派，他们也一度成为蒋介石最害怕起立质询的参政员。正如赵宝煦先生所言："这四位教授，虽然政治立场不尽相同，但都痛恨腐败、独裁，力争民主，且皆熟悉西方民主程序。"他们的发声，一语戳破了蒋介石的独裁政治在法律上的最后一块遮羞布。

1947年10月至1948年，钱端升到哈佛大学任客座教授，讲授《中国政府与政治》，在这里，他让美国的学术界真正地认识了中国政府与中国政治独特的运行制度体系和施政逻辑，并继续吸收了美国的先进政治管理经验，并将之成功地运用到了国内的高等学校院系调整改革政策之中。

历史选择，时代需求

1952年，刚刚成立不久的新中国便开始实施了国内高等院校院系调整的一系列政策，这是新中国教育史上的一件意义重大、影响深远的事件。新中国成立初期，中央政府确立了"以苏为师"的教育改革方向，借鉴苏联模式，将中国的高等教育制度同样分为文理科综合性大学和独立的专门性学院。在后来的《全国高等学校1952年的调整设置方案》中也明确指出：这次调整主要是发展专门学院，首先是工业学院，并整顿与加强综合性大学。北京政法学院的成立可以说是搭上了高校调整的这趟顺风车。

然而除此之外，北京政法学院之所以得以成立，还有另外一个更为关系密切的背景，那就是自全国解放前夕到新中国成立之后的几年之中一直在进行的废除国民党时期的《六法全书》和司法改革运动。

按照当时中共中央发布的《关于废除国民党〈六法全书〉和

确定解放区司法原则的指示》的精神，国民党的法院及其人员都是为统治阶级服务的旧国家机器，需要对其法院进行彻底的改革和人员的调整。并且，由于当时历史时期的局限性，新中国成立初期司法机关的大部分工作人员接受的都是"旧法"的观点，导致在这场全国性的司法机关改革运动中，6000余"旧法"人员被清理出审判职务队伍，所占比例超过当时全国审判人员队伍的五分之一。

司法工作人员的缺位，亟需一批以马克思主义法律观为指导审判思想的法律人才来填补，以满足司法工作的实际需要，因此筹建一个全新的政法类院校已成为当务之急。

正是在这样的双重背景下，中央决定将北京大学、清华大学、燕京大学和辅仁大学的法律系，政治系，哲学、社会学等学科各自剥离并合并组建成一所专门学院，就这样，北京政法学院，也就是现在中国政法大学的前身，正式在历史潮流与学科发展的双重推动下华丽诞生。

同时，教育部贯彻执行中央指示，按照"每大区如有条件具备时，得单独设立政法院校"的原则，合并了大区范围内综合性大学的法学院系，分别在上海、重庆、西安和武汉设立了华东政法学院、西南政法学院、西北政法学院和中南政法学院，加上北京政法学院一起构成了现在"五院四系"中"五院"的前身。

首任院长，北政初诞

回国后的钱端升进入北京大学执教，然而在不久之后，已经是享誉中外的著名政治学家、宪法学家，并被正式任命为北京大学法学院院长的他又接到中央的特殊任务，主持参与到另一项规模宏大而影响深远的历史使命中去，并由此开始了他与另一所尚在规划之中的法学高校——北京政法学院的不解之缘。

1952年，"北京政法学院筹备委员会"正式宣告成立，委员会由钱端升、韩幽桐、陈传纲等11人组成，钱端升任主任委员。

筹建一所大学，绝非一件易事。选址、师资、行政管理系统、生源、基础设施等事务，都需要花费旷日持久的时间与巨大的精力进行宏观乃至事无巨细的商定、决议和实地考察。更何况当时的钱端升还是新中国第一部宪法的起草委员会的立法顾问，时常要去参与委员会的小组讨论并根据所掌握的专业宪法知识及立法技术提出宝贵的意见和建议，其精力有限，压力则不可谓之不大。

在生源问题上，报到的新生一般都是当年突破千军万马，考取了清华大学、北京大学等高校的来自全国各地的优秀学生，然而当这些学生看到录取通知书上写的却是一个名不见经传的北京政法学院时，自然会有相当一部分学生表示出不满和不解，对于不愿意报到的学生，还需要一对一地向他们做解释工作，并带领他们到校报到，其中所需的时间和人力成本之巨大可以想见。

而对于一个高校必不可少的藏书资源，北京政法学院几乎为零。尽管已经从北京大学图书馆分到一些旧书，但数量实在有限，完全是杯水车薪。因此，购书也成了一项工作量浩繁的事务。

诸如此类的问题可谓多如牛毛，虽然很多事情看似不用钱端升亲力亲为，但为了圆满完成中央政府交给自己的任务，以及出于中国法治建设的强烈使命感和责任感，钱端升对每一项事务都要亲自过目审核，以确保各个方面都有条不紊地进行，即使面临千难万险，钱端升先生也一定要把北京政法学院如期建成，筹建工作始终紧锣密鼓地开展着。

1952年11月24日，经过整整半年的紧张筹建，北京政法学院的成立典礼终于拉开了序幕。此时的北京政法学院校址，还是在最早的沙滩校区，并且还要与北京大学、中央财经学院共用，人员安排相当拥挤，办学条件实在简陋。

北京政法学院就是在这样的艰苦条件中办了起来，并进行了一年多的教学，直到1954年，北京政法学院才得以"拥有"一片自己的土地——全部搬迁至现在的海淀区西土城路25号，也就是现在的中国政法大学研究生院。

在成立典礼上，钱端升发表了一席讲话，他追忆往昔，对北京政法学院的成立进行了回顾，并慷慨激昂地倡议广大师生团结一致，克服困难，积极探索出一套比较好的政法教学方法，共同完成党和国家赋予的光荣任务与伟大使命。

由于钱端升在成立典礼之时仍是筹备委员会的主任，因此直到1953年1月，中央人民政府主席毛泽东才正式签发了钱端升的院长任命书，副院长刘镜西、李进宝的任命书则是由周总理签发的，另外，在当时的五大政法学院中，只有北京政法学院的校名是毛主席题写的，中央政府对于此次北京政法学院之建立的重视程度可见一斑。

英杰荟萃，法泽天下

北京政法学院刚刚成立，就显现出了她的独特之处。

那时的教师队伍和生源基本都是由组建她的北京大学、清华大学、燕京大学、辅仁大学的师生组成，而学院领导大多由原华北人民革命大学和华北行政委员会调来的干部担任。正由于其较为复杂的人员组织架构，不仅使得北京政法学院的教风学风多元丰富、严谨活泼，也汇集了当时全国的优秀法学精英人才，一时间北京政法学院之学术氛围极为浓厚，各种学术流派以及诸多学术权威人物在这里大放异彩，百家争鸣。

在党中央的号召下，北京政法学院学术及教学队伍中迅速集聚了钱端升、王铁崖、费青、谢觉哉、吴恩裕、曾炳钧、龚祥瑞、楼邦彦、芮沐、严景耀等著名的学术大家，这些人大多数都接受过西方先进国家系统的教育，他们回国之后，都在自己所研究的领域集百家之长而成一家之言，这些令后辈学人仰视的学术星宿代表着20世纪50年代中国法学、政治学、社会学这三大学科的最高水平，他们高远的学术追求和高尚的道德情操值得我们所有后辈学习、尊敬与仰慕。

北京政法学院这个政法类院校中的新生儿，因为其拥有的这样一大批名师而自一开始就显得与众不同，并且也正是这些大师亲手造就了北京政法学院历史上第一次无比辉煌的时期，此时的北京政法学院俨然成为培养新中国政治家的摇篮、法学家的基地，他们顺其自然地也成为推动社会发展建设和法治昌明公正的核心力量。

在诸多名师春风化雨地悉心教授下，北京政法学院的学子也都更加刻苦学习，逐渐形成了勤勉笃实、理论与实践并重、孜孜不倦追求真理与公义的优良学风。

在建校初期，一切都从空白开始的北京政法学院也曾在很多方面都出现过问题与差错。为适应司法改革之后对新政法干部的急切需求，干部培训班和青年学生班的学制分别被设置为一年制和两年制，并且青年学生毕业后颁发的还是大专文凭，这对于当时已经考入本科的学生显失公平，而对于课程的设置，也曾因为单元制集中教学和政治课所占比例过大而使得青年学生感到学习到的专业知识太少，并产生了一定的抵触情绪。

直到1954年以后，招生才正式改为四年制本科，课程设置也才随之开始正规化。之后，在北京政法学院全体师生的共同努力下，北京政法学院的学科管理、课程设置、文凭证书等方面都在实践中一步步臻至成熟合理，并形成了一套完整的教学模式，浸润教育着一代又一代的北政人。

而这一切，都得益于当年党中央和政府的敏锐决断和以钱端升院长为主导的北京政法学院筹建人，没有他们的呕心沥血，鞠躬尽瘁，就不会有后来名声鼎沸的北京政法学院，当然也更不会有现在的中国政法大学。

自1952年北京政法学院成立到1983年北京政法学院与中央政法干校合并成立中国政法大学，北京政法学院已经经历了整整32个年头，期间虽然因"文化大革命"而停办，但在1978年复办之后便极快地恢复了当年的生机，一步步再次走上发展的正轨。

时代虽在不断变迁，但其留下的印记却不会就此轻易消逝……

北京政法学院的历史无疑是灿烂的，其治学精神与校园文化毫无疑问会在她的"变身"——法大的发展中发扬光大，继续激励后来的法大学子铭记母校历史，不忘初心，继续前进，为推动中国的法治建设而奋斗，让公平与正义之光真正泽被祖国大地、江河山川！

如此，也便足以告慰端公。

高怀无近趣,清抱多远闻[*]

米 莉 张晓逸

自古以来,政治与学术,就有着难以理顺的联系;"庙堂之高"与"江湖之远",往往让无数名人大家难以取舍。在20世纪的中国,就有这样一位怀着"法治天下"的理想在政治与学术之间周旋的"教书先生",将自己的抱负寄托于象牙塔中——他,就是钱端升。

钱端升,中国著名法学家、政治学家、社会活动家,北京政法学院(中国政法大学的前身)第一任院长。后人曾评价他"以教书为生,也以教书为业",教学事业贯穿了他的一生。1924年,钱端升取得了美国哈佛大学博士学位,此时正值清华有改办大学之意向,校长曹云祥开始淘汰教员,罗致良善师资酝酿"拟请钱端升先生来校教授历史,或文化"。同年5月,钱端升结束了五年的游学生涯,回到中国,在清华大学教授历史。而后混乱的三十年里,他先后在南京中央大学、北京大学、昆明西南联大教书,讲授的领域涵盖政治学、比较法学、历史学等多门学科。

---

[*] 作者:米莉,任职于中国政法大学党委教师工作部;张晓逸,中国政法大学法学院2017级本科生。参考文章:陈夏红:《无法摆脱钱端升的磁场》;钱大都:《父亲钱端升的治学和为人》;张效文:《回忆钱端升院长八件小事》;刘猛:《周旋于学术和政治间的钱端升先生》;范亚伶:《高怀无近趣,清抱多远闻——记真理的虔诚者钱端升》;雷婷婷:《钱端升的教育思想与实践》。

1952年全国进行高等院校院系调整，党中央作出了"将高等院校划分为文理科综合性大学和独立的专门性学院"的决定。在北京，政治类和法律类专业被归并一处，设立北京政法学院，而钱端升被任命为北京政法学院筹备委员会主任委员。1952年11月24日，北京政法学院举行成立典礼，1953年1月，毛泽东签发了院长任命书，钱端升成为第一任院长。

刚刚成立的北京政法学院，百废待兴，教学与科研工作都需要慢慢地走上正轨。北京政法学院正式开始上课的时候，学校甚至没有自己的独立宿舍，除了一栋联合楼，校园里的建筑都是平房，条件非常艰苦。钱端升带领全校师生，本着"自力更生，艰苦奋斗"的精神，一边工作学习，一边劳动建校，进行着政法教育事业的初步摸索。后人把钱端升的这六年任期，称为北京政法学院的"第一个黄金年代"。

学者教授出身的钱端升，在上任之初没有表现出任何的不适应，反而在学校的教学、科研、行政各个方面提出了精辟的指导意见，为北京政法学院的发展做足了准备。1952年秋入学的第一批新生，是学校从各省市一个一个挑选出来的品学兼优的学生，这给了钱端升更大的压力，生怕辜负家长与祖国的重托，也辜负学生当时的信任："高考前学生选择了政法，高考后政法选学生。如果学生到了政法却走了下坡路，这更是我们这些做教育的人失职，是我们教师的罪过。"

怀着这样"战战兢兢"的心态，"新官上任"的钱端升对自己和全校的老师，都提出了很高的教学要求，和老师交流时，他总是不忘提醒大家，"脑子要绷着一根弦，把学生装在心里"。钱端升很反感老师上课迟到的行为，哪怕只迟到了五分钟，就相当于浪费了全班四十名同学三个小时的时间，这是他"明令禁止"的。

钱端升常说:"做教育事业,要对学生有高度的责任感和强烈的责任心。"在他的眼里,一名合格的教师,必须以学生为上,有了责任心,再去谈教学。1966年,学校要建一座教工宿舍,请钱端升确定选址。他非常坚持一点,就是教工宿舍决不能离教学区太近,他固执地坚守着象牙塔的幽静环境,担心学生受到嘈杂的外界干扰。最终宿舍选在了离校区1.5公里远的地方,北京政法学院这一举动在当时是"独一份"的。像这样"学生至上""课比天大"的思想,贯彻在钱端升的各项学校事务的决定中。凡是需要学生参加的学校日常活动,他一定要问及这项活动会不会影响学生的上课学习,不肯耽误学生的一点学习时间。他希望听到学生的意见与建议,又怕学生没有渠道反馈,于是设立了7个意见箱,由他亲自主管。

钱端升奋斗在法学、政治学教育的第一线,为新中国教育事业的发展倾注了大量的心血。专注执教,醉心学术,钱端升高尚的品德,与他所确立的"学生至上"的教育思想,是法大教育史上最为宝贵的财富之一。

慢慢地,北京政法学院的教学、科研工作在钱端升的带领下走上了正轨,他逐渐将工作的重点转移到了行政与人事工作上。随之而来的,钱端升每天要在办公室接待很多人,从中央的部长,到学校的基层员工,他都与之探讨学校发展的现状与未来。这些到访的人,无论身份高低,在他的眼里都是平等的,决不会有高低贵贱之分,受到的"待遇"是一样的——都无法得到他的出门"欢送"。在秘书张效文的印象里,仅有一次的破例,是炊事员杨师傅,二人的交谈居然从办公室一直延续到楼道间,在他看来,钱端升这样"热情"的举动是史无前例的。

钱端升每每都要向秘书特别强调，对所有教职工都要尊重，叫其他老师来谈话时一定要客气、要提前打招呼："让人家汇报工作谈问题不能搞突然袭击，要事先打招呼让人家有个准备。不能突然把人家叫来，让人家摸不着头脑，不好，人家内心里不高兴。"

终其北京政法学院的教书生涯，钱端升不管是身居高位，还是在"文化大革命"期间落魄潦倒，他始终"很少为自己或者家眷去求过别人"。这也是钱端升自年轻时所一贯保持的高傲风骨——不因个人利益投机取巧、损害集体利益。

1956年间，钱端升经常接到他的亲友学生从全国各地的来信、来人、来电，请求调到北京政法学院工作。人事调动虽然是他能力范围内的事情，但钱端升每次都是写信、打电话给出一样的回复："我在北京政法学院当院长，把你调来北京政法学院我不好做人，我在学校说话就不灵了，我这个院长也就不好当了……"每次的调动请求，钱端升都是一样地婉言拒绝，但回复之后，他还是会叹息良久。

对待自己、家人如此，对待别人也是严格要求。因此，很多人指责钱端升"不会做人"。当时北京政法学院里一位资历很深的老教授，早年留学英国取得博士学位，这位教授写了一份要求困难补助的报告，仗着自己资历老，又与钱端升是老相识，他向家人夸下海口，一定能蒙混过关。可出乎意料的是，这个不合理的要求被钱端升坚定地拒绝了。

钱端升向相关负责人解释说，老教授家的人均工资超过60元，在北京属于高级生活，在他这里，就一定要按学校规章办事，"困难补助不能开门太宽，我们学校的困难补助一定要有原则……"钱端升因此与这位老教授结下了"梁子"，但他始终坚持自己的决定。在他心里，学校是为学生服务的地方，他所做的一切决定，都是站在学生与学校的角度上，"要培养优秀的学生，教师就必须要为人师表"。

总有人说，钱端升太"固执"了。他的同事与同学们如是评价他："政法根基深厚，英文写作能力甚强，虽不能说与人落落寡合，但也不太容易和人亲近。"可历来才情高于一般的人，总是难免曲高和寡，难以被他人理解。

一生中，钱端升参与了包含外交、政治、学术在内的诸多领域，但事实上，他最适合也坚持最久的事情，却是教书。比起政治家的身份，他也总愿意以学者自居。钱端升常说："学者，我唯一之希望也；不侵吞不贿赂不容恶不嫉贤……"他也的的确确以此作为人生所追求的真理，以一言一行坚决恪守。他所推崇的教育思想，也在学校的发展中得以延续，为我国的法学研究、教育事业作出了杰出的贡献。

钉！钉！钉！

刘 瑾　张泽楷

我们说"钉钉子"有三个要点，一是钉准，二是钉实，三是钉牢一颗再钉下一颗。

余叔通就是这样一位有着"钉钉子"意志的同志，他的一生有着三"钉"，一曰钉准理想，二曰钉实学术，三曰一步一钉。正是这样的"钉子精神"，使他从一个小小的商店伙计一步步成为学界的风云人物，叱咤刑法学界四十余年。

余叔通，1927年生，原名余杭生，取诞于杭州之意，后易名叔通。他原是广东潮州人，由于家庭的原因，住所多有迁徙，他小学就读于广州，初中则就读于香港。在那个战火纷飞的年代，求学本不易，加上住所常徙，余叔通仍能完成小学和初中的学习，实属难得，这在另一方面也体现了其父母对知识的重视。如此开明的教育理念，使余叔通小小年纪就明白了知识的力量，同时，不同地方的生活也在一定程度上增长了他的见闻。余叔通开始在心中暗暗描绘未来的理想，为国奉献的责任感钉在心中。名人少有大志，从余叔通的童年经历，我们可以隐约窥见日后那个治学严谨、鞠躬尽瘁的学界泰斗的影子。而这少年时代"钉"立

＊ 作者：刘瑾，任职于中国政法大学国际法学院；张泽楷，中国政法大学国际法学院2017级本科生。

钉！钉！钉！

的理想和价值观，使得余叔通即使在家庭遭受巨变之时，也能不忘初心，潜心学习。

1942 年，余父病逝，家里失去了顶梁柱，16 岁的余叔通只得忍住丧父悲痛，早早出去谋划生计，他当过商店伙计，当过机关抄写员……[1]苦活累活都干过，但他并没有因此被生活击垮，不管是在物质上，还是在精神上。他仍然守望着当初之志愿，挤出业余时间刻苦自学，提高自身文化程度。过往的经历使他明白，若要寻求更高层次的学识和机遇，进入大学深造是必不可少的。而在 1941 年全国抗战进入相持阶段后，全国性的统考难以组织，学生参加的几乎都是各个大学的自主招生考试。余叔通为此寸积铢累地汲取知识，在 1946 年就近报考了前身为广东大学的中山大学，并顺利进入中山大学法律系。而后又恰逢北京大学在广州招收法律系学生，余叔通抓住这个机遇，以法律系三年级转学生的身份，独身一人前往北平，追寻心中更广阔的世界。他隐隐地感觉到，这次北上求学将是实现自己理想最为关键的一颗"钉子"。

1949 年，余叔通从北京大学毕业后便留在北京工作。他先后在北京大学、北京政法学院执教三十余年。北京政法学院的院长钱端升先生曾夸赞道："我们政法学院有'二才子'，一个是刑法的余叔通，一个是民法的江平。"和余叔通并称"二才子"的江平先生也说："余叔通是一位颇有才华的学者，当时也很得志，锋芒毕露，好发表意见。"[2]他曾戏赠余叔通一首打油诗："教学

---

[1] 北京潮人人物志编委会编：《北京潮人人物志》，中国物资出版社 1996 年版，第 289 页。

[2] 江平口述、陈夏红整理：《沉浮与枯荣：八十自述》，法律出版社 2010 年版，第 115 页、第 116 页。

榔头俄文钉,钉得学生脑门青……"——彼时江平与余叔通都兼教授俄语,由于俄语难学,学生的掌握情况堪忧。江平便向余叔通请教经验,余叔通遂将自己的教学方法总结为两点:一曰钉子精神,二曰反复炒,自然炒熟。[1]这两个方法何尝不是余叔通自己的写照?像学生们普遍难以掌握的俄语,余叔通是在英文基础上"钉钉子""反复炒",自学而成的,不仅如此,他后来还精通法语,曾翻译过极难的《伊加利亚游记》等著作。余叔通锋芒毕露的背后,正是这样的"钉实学术"的意念支持着他前行。

正所谓"君子泰而不骄",得志后的风光没有使余叔通骄傲自满,停滞不前。他长期踏实地从事着学术工作,并积极地参与国际交流,著有《中国刑法的假释制度》《中国刑法的地域效力》《刑法总则简释》《英国刑事诉讼法简介》《中国刑法及其新发展》《论死刑》和《国际刑法和比较刑法的若干问题》等,主编过《劳动改造法学教程》。[2]他曾主持过联合国专家会议,担任过世界级学术大会的特邀亚洲主讲人,先后访问过英、德、法、意、日等国,在国外多所大学作短期讲学,同时还担任过国际刑法学协会副主席等职务。[3]习近平同志曾说:"我们要有钉钉子的精神,钉钉子往往不是一锤子就能钉好的,而是要一锤一锤接着敲,直到把钉子钉实钉牢,钉牢一颗再钉下一颗,不断钉下去,必然大有成效。"余叔通的"钉子"正是这样,从当商店伙计时开始,一步一钉,从学徒到学生再到学术大家,最后成为世界级

---

[1] 江平:《信是明年春自来——江平诗词选》,中国政法大学出版社2005年版,第19页。

[2] 北京潮人人物志编委会编:《北京潮人人物志》,中国物资出版社1996年版,第289页。

[3] 余叔通、谢朝华译:《法国刑事诉讼法典》,中国政法大学出版社1997年版,第318页。

钉！钉！钉！

的学者，每一步的背后都凝聚了余叔通大量的汗水与心血。有诗云：

> 少时丧父家悲凉，曾做伙计曾记账。
> 苦难不挫凌云志，生计之余钉理想。
> 先圆中山大学梦，再考北大转学生。
> 毕业过后始天晴，得誉政法才子名。
> 写过刑法列部著，译有法俄多部书。
> 传道世界展风采，编纂教材传后代。
> 才华非是缘天赐，逐步逐钉逐日之。
> 钉子精神余叔通，千古不锈万世隆。

余叔通的故事是"钉子"的故事，"钉子"的精神不仅体现在他的生活和学术上，还体现在他宁折不弯的品格上——即使在"文化大革命"期间被打成右派，受到错误处理，他仍对共产主义理想和信念矢志不渝。[1] 当代青年学子们诚当以余叔通先生为楷模，在生活上有钉子般钢铁的意志，在学习上有钉子般钻研的热情，在精神上有钉子般宁折不弯的风骨，方能撑起中国的未来。

---

[1] 余叔通、谢朝华译：《法国刑事诉讼法典》，中国政法大学出版社1997年版，第318页。

站在时代浪尖的大成领袖*

——走近1979级校友彭雪峰

赵中名　乔逸如　孙宏毅

法大情怀：求知若渴　回报母校

回望那时的法大，不免让人感觉有些西南联大的风骨。1979年的蓟门桥尚未有今日的都市喧嚣。那时的法大人，把黑暗中跳舞的心脏叫做月亮。回忆求学时光，彭雪峰笑称"那会儿连上课的桌椅都缺"。

陋所一方，却是知识与精神交汇的净土。求学环境的艰苦培养了法大人的"马扎精神"。时至今日，彭雪峰仍在怀念："新生搬着马扎，有的同学甚至席地而坐，认真地听江平等教授们讲课。虽然宿舍简陋、教育资源缺乏，但绝大多数同学都异常刻苦，对于新知识和先进的思想充满渴求。每每回想起来，都令人振奋……"

经年之后，已成为法大校董的彭雪峰总是借着大成律师事务所与母校开展项目合作的契机，回家看看。

---

* 作者：赵中名，任职于共青团中国政法大学委员会；乔逸如，中国政法大学国际法学院2015级本科生；孙宏毅，中国政法大学国际法学院2016级本科生。

创业之路：勇于探索　着眼全球

20世纪90年代初，"铁饭碗"的思想根深蒂固，拥有了公职的身份，似乎后半生便可高枕无忧。作出辞去公职的抉择，不可不谓勇气可嘉。然而，当彭雪峰放弃公职，准备借"合作所"改革的东风大干一场时，司法局对"合作制"事务所的审批却戛然而止。面对政策的突变，曾志同道合的伙伴，或心灰意冷，或另寻他路。彭雪峰也曾失落迷茫，但却始终不愿将梦想搁浅。1992年4月28日，挨过漫长的三旬秋冬，彭雪峰终于拿到了盼望已久的设立批文，正式成立大成律师事务所。

事务所成立之初，全部工作人员加起来不足10人，对外联系靠两部"大哥大"和BP机。然而，彭雪峰和他的朋友们就是这样一步一个脚印地向前挺进，在实践中逐渐确立了"求生存、求发展、求特色"的发展规划"三步曲"。这期间，彭雪峰代理了中国第一例知识产权纠纷《金銮宝座》著作权纠纷案以及美国迪斯尼公司诉新华书店侵权纠纷案、全国首例期货纠纷案等知名案例。一时间，彭雪峰成了律师界最耀眼的"明星"。往事历历，使人热泪盈眶的，不仅是当时的耀眼，更是一路走来满腔的热血。

创业第二年，大成律师事务所的发展步入正轨。彭雪峰广纳贤才、扩充队伍。事务所发展迅猛，规模快速壮大，不到一年的时间，原来的办公室就已容纳不下。1992年年底，大成律师事务所迁至长安街民族文化宫，这是20世纪50年代北京的十大建筑之一，办公面积也扩大至300平方米。

自2007年开始，大成律师事务所加快了全球化步伐。逐步在纽约、巴黎、洛杉矶、芝加哥、新加坡等地设立了境外分支机构、代表处及成员单位，与境外多家律师事务所建立了长期稳定的战略合作伙伴关系。2015年11月10日，大成律师事务所与全球十大律师事务所之一的Dentons律师事务所正式合并，新所执业律师人数近7500人，业务遍及加拿大、美国、欧洲、英国、中东和非洲以及整个亚太地区，并在全球50多个国家设有120个办公室。

谈到大成律师事务所的优秀业绩，彭雪峰并不自得，他曾不止一次地这样说道："大成走出去了，这是远远不够的，这是与中国在世界的经济地位不相匹配的，中国需要更多的大成，中国需要更多的律所走出国门、走上世界舞台，在全球法律服务平台上占有一席之地。"

家国情怀：热心慈善　胸怀天下

事务所之名"大成"即取自《道德经》"大成若缺，其用不弊；大盈若冲，其用不穷。大直若屈，大巧若拙，大辩若讷。躁胜寒静胜热。清静以为天下正"。"经国纬政，法泽天下"是每一位法大人的担当，亦是彭雪峰的追求。

彭雪峰坦言，"大成能有今天，与合伙人乃至每一位律师、每一位员工的担当意识、责任意识密不可分"。

2007年，彭雪峰带领大成组建了中国第一支由律师发起设立的专项慈善基金——中国红十字基金会大成慈善基金，在捐资助学、抗震救灾、资助革命老区等事项中累积捐款千万余元。同期，为推进公益事业，大成律师事务所建立了更为规范、健全的公益捐赠执行及监督机制。中国红十字基金会大成慈善基金，这是由中国律师发起设立的第一支慈善基金，成为中国慈善事业中的一个亮点。2012年，北京市委宣传部、市民政局及首都慈善公益组织联合会举办了首都慈善公益奖项评选活动，大成慈善基金荣获北京市慈善公益领域规格最高奖项，由北京市人民政府颁发的"首都慈善奖——企业社会责任奖"。

法治精神：夙夜在公　关心民生

在彭雪峰看来，律师的社会责任与其法律服务是分不开的。彭雪峰认为，律师恰恰是通过代理好每一个诉讼案件或非诉项目，兢兢业业地提供好每一项法律服务，发挥其维护司法公正、社会稳定，推动经济发展的社会责任。

现今，越来越多的律师正积极开拓服务社会的途径，包括通过律师协会、人大、政协等平台参政议政，为国家的法治建设和经济发展建言献策，为社会的整体发展作出点滴努力。彭雪峰正是这一领域的先行者，在担任第十一届全国人大代表和第十二届全国政协常委的十年间，彭雪峰始终兢兢业业履行职责。履职期间，他的关注点始终不曾离开民主法治和司法改革，他以独特的视角，运用法律知识及法律技能，积极推进司法体制改革，努力为建设公正、高效、权威的司法制度，创造公平正义的法治环境贡献力量。此外，社会民生也是彭雪峰关注的重点，其在全国两会上的提案多关系社会弱势群体的切身利益。他深知，律师承担更多的社会责任也需要倚赖于社会整体环境的发展，他也坚信，只要坚持，跬步虽小，终至千里。

杜慧力：慧眼独具　力行致远[*]

卢　炀　邝云曦

　　杜慧力，于中国政法大学获得法学学士学位，后在美国加州大学洛杉矶分校法学院获法学硕士学位，1988年获得中国律师执业资格。现任金杜律师事务所公司业务部资深合伙人。

　　从1994年执业至今，曾为国际性投资银行、大型跨国零售商及诸多国际和国内知名企业提供过设立投资平台、开发和投资房地产及基础设施项目等相关法律业务，在大型房地产项目的投资、融资方面有独到的专业知识和经验。

　　杜慧力连续多年被国际知名法律评级机构"钱伯斯亚太概览"评为房地产和建筑工程领域的"领先律师"。从2015年至2018年，杜慧力被《法律500强》连续评选为中国公司并购领域"领先律师"，被《国际金融法律评论》（IFLR1000）评选为2015年度和2017年度金融及公司业务"领先律师"，2016年至2018年被《亚洲法律概况》（Asialaw Profiles）连续评选为"领先律师"。

　　采访杜慧力是在周五的12点，律师行业没有午休。金杜律师事务所的接待大厅，毫不吝啬地保留了超大面积与无敌窗景，

---

[*] 作者：卢炀，中国政法大学人文学院2017级本科生；邝云曦，中国政法大学刑事司法学院2017级本科生。

自然光倾泻而下，整个空间通透、光亮，在这样的环境中，我们如约见到了杜慧力，他身着笔挺的职业装，接受采访时嘴角习惯性地上扬，目光中带着对后辈的鼓励和期许。

"律师就是个手艺人而已。"与大多数模板化的采访相比，杜慧力让人感觉非常真诚，他不会给出套路化的答案，也不会去刻意强调律师职业的特殊性，他娓娓道来自己的生活、职业、态度，光是聆听，便已觉得受益颇多。

杜慧力是金杜律师事务所的高级合伙人，连续多年被国际知名法律评级机构"钱伯斯亚太概览"评为房地产和建筑工程领域的"领先律师"。他毕业时身处中国法治的改革创制时期，在周围人都纷纷选择另一条看起来更加正统的道路时，他慧眼独具，努力站在发展的浪潮之中；他排除外界干扰，执业二十五年，力行致远，无愧自己的选择——如果说是时代给了他们这批人勇立潮头的机会，那么远超一般人的格局则是他们站得更高、更长久的基石。

偶然与必然——"先把路子走正了"

1984年，是中国政法大学改名后的第一年，那一年，杜慧力以全市第一名的成绩考入法大。当被问及为什么选择法大时，他笑言："这都是缘分使然。"那时候高考报志愿的方式是直接估分，他由于过于保守，估低了自己的分数，老师想帮他报考兰州大学，杜慧力心想，河南到兰州坐绿皮火车可要两天两夜。于是他毅然选择了当时在河南只有9个招生名额的中国政法大学，他的勇气与决断在此时已经有所展现，当然，最后他成为中国政法大学的一员。

其实在上大学以前，杜慧力对于自己的专业并没有明确的意向，因为法大，他与法结缘。在那个年代，《中华人民共和国民法通则》还没有出台，国内法学教育也处于试水阶段，但是即使三十多年过去，杜慧力依旧能够清楚地记起旁听江平教授讲课时内心的敬仰之情，仿佛听见了"法律人"理想破土萌芽的声音。

"我觉得法学学习，关键是要把路子给走正了，路子走歪了就坏了。"杜慧力强调法学基本功的扎实，"你要先把像债啊、合同啊、民事程序啊之类的东西学清楚了、学透了，再去学一些细枝类的知识，法律人永远在学习，但是永远不要从一些旁枝末节的地方入手，难窥大局"。他认为通识教育和基本功就像一支画笔，有了这支画笔，你才能画好一张图，而无论这张图的内容是什么。他笑着向我们回忆起他的校园生活——和室友会在寝室的夜谈会上聊新事物、新思想所带来的冲击，彼此有争论亦有交锋；花大量的时间泡在图书馆读各种各样新出版的书籍；思考许多关于人生，关于哲学的问题……这些都潜移默化地拓宽了他的视野，也为他独到的眼光奠定了基础。如果说杜慧力进入法大是一种偶然，那么把法律作为自己的终身职业则是一种必然。

杜慧力这样叮嘱我们："你们应该相信老师的教诲，做中国法治之光。"2018 年，在法大建校 66 周年之际，杜慧力被评为"2017 年度优秀校友"，并受邀回母校进行演讲，在法大食堂还遭遇了无法买饭、借师弟师妹饭卡的小尴尬。但是他非常幽默地在朋友圈晒出了食堂的饭菜，并写道：希望下次去学校食堂的话也能有饭卡吃饭！

专业与温度——"我印象深刻的都是失败的案子"

1994 年，是金杜律师事务所成立后的第一年，那一年，杜慧力入职金杜律师事务所。那个年代,整个中国都沐浴在改革开放的春风里。而在法律行业,"群雄并起"的律师创业大潮正在酝酿——而金杜律师事务所,无疑是其中的杰出代表。

在金杜律师事务所执业的二十五年,从起初的诉讼领域,再到非诉领域,杜慧力经历了一个选择和转变的过程,最终他在非诉方面开拓了房地产和公司并购有关的项目,成为金杜律师事务所在这个领域的奠基者。

"其实作为一个律师,印象最深刻的往往都是失败的案子,成功的案子当时一高兴也就过了,而失败的案子或者说过程中不为人道的艰辛才最难以忘怀。"杜慧力回忆起他在20世纪90年代代理的一起关于银行高息揽存的诉讼案件。一家山东青岛的国营企业往一家银行存入了1500万元,但是因为银行某工作人员个人的背书,钱直接转到了一个房地产开发项目的账户中,项目失败,钱也就不翼而飞。按照当时颁布的文件,高息揽存的案件只要是银行工作人员个人行为,银行不承担责任,也就是说,这钱极有可能不能返还。杜慧力作为国营企业一方的律师,其压力之大,不言而喻。"在打这个官司的过程中,他们公司专门派了三个人来北京,都是企业总经理、当地党委副书记之类的领导,只有一个任务,就是天天盯着我,每天中午和我吃饭,问我有没有希望赢。"杜慧力皱皱眉头,叹了一口气,"我知道他们急,因为这笔钱关系到公司的生死存亡,可是案件的进展并不是每天都有的,我也想了很多不同角度的打法,最后还是输了"。杜慧力说起当时那种无能为力的感觉,时至今日他依然不能释然,他对他的当事人感到非常地抱歉和遗憾,但是那是当时大环境所致,尽管是一名专业的律师,他能够做的,依然仅仅是一小部分。

从2004年起,随着金杜律师事务所自身的发展壮大,逐步区分了不同部门，有了非诉、诉讼领域之分。一向愿意接触新事物、善于挑战自己的杜慧力决定转向非诉领域，并致力于公司并购重组方面。杜慧力曾帮助一家英国的公司收购一个项目，在收购的过程中，杜慧力的团队遇到了各种各样的问题，也经历了彻夜不眠的谈判。"我还专门买了一个可以放倒的躺椅，因为经常谈判谈到半夜，又要等英国投资方的答复，趁空的这两个小时就可以在办公室睡一会儿，等到答复了继续下一个问题的谈判。"杜慧力直言，非诉业务的法律问题可能不会像诉讼业务那样有趣或者戏剧化，重复性的工作和日复一日的谈判占据了他们的大部分时间。当然，他也遇到过一些突发性的特殊情况——交易对象的负责人在谈判过程中突然破口大骂。"我也很生气，但是作为一名专业的律师，你有责任把客户委托给你的事儿做好。"

到金杜律师事务所实习，是很多法科生梦寐以求的事情，对于大多数向往律师生活的学生来说，这不仅是你能力和优秀的象征，也是你将来可以写在求职简历上的闪光点。一个凌晨，杜慧力加完班准备回家，办公室只剩下一个实习生，默默地翻看着一张张公司的材料和文件，杜慧力便问了问他实习有什么感想，那个实习生说："我读了这么多年的法学，在金杜律师事务所实习的三个月只干了一件事情，就是做公司并购时目标公司的尽职调查，这对我三观冲击很大，我在考虑以后到底要不要做律师。"那天他们聊了很久。杜慧力觉得非常抱歉，因为当时他们确实有几个月的时间都在做一起十分复杂的并购案——大概有三十几个公司的材料需要梳理，材料堆满了一个很大的房间，在做最初的尽职调查报告时，杜慧力团队几乎都没有离开过这间房间，每天的工作就是整理，整理，再整理。

"这让他感觉自己像个机器一样，但是其实像我们这种做并购的，前几年有可能全是这样的状态，很残酷，也很容易让人感觉到崩溃。"杜慧力说，"我们律所经常有些刚毕业的女生，实在受不了就哭，我觉得这是很好的发泄途径，所以真正让人印象深刻的，往往是过程中或者结果的痛苦和泪水，能让人清醒。"

专业与温度，在杜慧力身上得到最好的诠释。

我们与你们——"做人要有点'东西'"

"我觉得吧，做人得有点'东西'。"当被问及能否给想做律师的年轻人一点建议时，杜慧力如是答道。

杜慧力所说的"东西"，具有浪漫主义和现实主义的双重色彩。他认为法律人的"东西"，在于对法律坚实的基础、宏观的视野，以及"手艺人"的踏实和日复一日的坚持，更在于既仰望天空，又脚踏实地。在律师行业的顶端，光是做到自己的本分是无法继续前进的，想要继续前进，就要对行业和领域有自己独到的想法和定位。"譬如我代理的是建筑工程的案子，那就要做到不管是客户还是同行，听完我对这个案子的看法之后都心服口服，同行是可以看出你的水平的。"说这话时杜慧力脸上带着自信的笑容。

对客户和自身专业度的重视使得杜慧力在非诉领域站稳了脚跟，秉持着这样的信念，他成为金杜的资深合伙人。二十五年来，金杜律师事务所成为他的名片，他也成为金杜律师事务所的名片，这是双向的成长和彼此的成就，当然，他也成为法大无数年轻学子向往成为的样子。

而当我们聊及年轻人普遍的焦虑，杜慧力谈起了他的儿子，现在就读于美国布朗大学。他告诉我们，他的儿子大一的时候报了生物专业，觉得不喜欢后改为计算机和哲学专业，学了一年又跨到历史专业，整个大学都在探索，探索的同时还焦虑，因为在学校，你周围的人都很优秀，这种焦虑感是无法回避的。大学时期乃至毕业之后的杜慧力也有类似的焦虑感，课业的繁重、择业的与众不同、千奇百怪的案件和当事人……但是如今回头看，却发现当时的焦虑是一种无谓的情绪，如果能够再经历一次，他会选择更加享受这样一段时光——也许会有人对他抱有期待，也会有人对他的选择抱有质疑，但是一个人是怎样一个人、在走怎样的路，"问心无愧"才是唯一的准则。

"只要你是真的有点'东西'，在哪里都不会被埋没，总是坐着忧虑绝不如付出行动和努力，有的时候，行动就意味着大半的成功。"

杜慧力希望新一代法大人保持热情，勇于试错，脚踏实地、毫无保留地去做、去付出，那些努力在这个时代发出自己光芒的人，会得到时间的证明与回答，也最终会被这个时代所珍爱。

我的大学往事*

吴兴印

大学毕业后一直在南方工作，时常有人因为我是黑龙江人的缘故而问起我的经历，我就开玩笑地说，我的经历很简单，在读大学之前，从没有离开过东北那片生我养我的黑土地，大学来到母校——中国政法大学，读了四年经济法学，毕业时佛山市中级人民法院招人，就去了广东佛山，一待二十五年，是一个标准的"宅男"。虽然在职场多年，经历了从法官到律师的职业转变，也有了一些属于自己的故事，但是最能牵动我的记忆、最值得我珍藏回味的，无疑是大学四年间那些青春萌动、充满活力的精彩瞬间。

说到法大，当年入学报到的情形就终生难忘。那是我第一次离开家乡出远门，先是坐着林区的小火车到镇里，再转乘火车到北京，一路上，对家乡的眷恋和对大学生活的憧憬一直在交织碰撞着，直到在北京站见到中国政法大学的旗子和迎接新生的老师、师兄师姐时，心才踏实下来，有一种见到家人的感觉。当满载新生的大巴车到达昌平校区时已是夜幕初降，略显冷清的昌平校区灯光点点，宁静清爽，而我则在疲劳与兴奋、好奇与忐忑、幸福与憧憬的层层交织中左顾右盼，那种即将开启人生最重要的

---

* 作者：吴兴印，中国政法大学1990级校友。

知识之旅的兴奋感,至今记忆犹新。

当入学的新鲜感褪去之后,接下来就是紧张的学习生活。大学四年,教室、礼堂和图书馆成为挥洒青春的主战场,留下了我对知识孜孜以求的身影,法大浓厚的法学氛围和诲人不倦的老师们的言传身教,夯实了我的法律功底,历练了我的法律技能,积累了我人生最宝贵的一笔知识财富,为毕业后我在法律职业领域的发展提供了强大的支撑。

除了法学知识,法大还有两件事对我影响深远。第一件是刚入学不久,我有幸作为1990级经济法系合唱团成员参加了纪念"一二·九"运动歌咏比赛。为了准备比赛,年级主任余常汉老师亲自组织大家排练,并请来专业老师指导,他操着一口浓浓的湖北口音和大家一起排练,在他的感染和激励下,合唱团成员全身心投入,经过不懈的努力,合唱团用青春的激情和热血,唱出了高亢激昂、勇往直前的革命气概,最终以《山丹丹开花红艳艳》和《长江之歌》一举夺冠。

正是在这种高昂而催人奋进的旋律的涤荡下,青春的心扉被打开并产生了强烈的共鸣,激发了我对党的无限热爱,从而萌生了强烈的加入中国共产党的愿望,在老师的鼓励下,我写了入党申请书,并在毕业前光荣地加入了中国共产党。多年以后,我带领的律师事务所获得"全国律师行业优秀党支部",自己也荣幸地先后当选为"广东省党代表"和"广东省人大代表",我想这应该都和当初在学校的这段经历有着很大的关系,正是在那求学若渴的季节,接受了革命精神的熏陶洗礼,让不畏艰难、勇往直前的革命精神根植于内心,才能在之后的工作中,让这种内心的力量迸发出坚韧的毅力,不断地鞭策着自己,勇往直前。

第二件就是我时常都会和人讲起的长跑经历。大二时,学校组建长跑队,我怀着尝试的心态报了名,每天早上6点需起床晨练,每周三次的十公里集训,对当时的我来说相当有挑战性。我曾经犹豫过是否要坚持下去,在徐京生老师和队友的鼓励及支持下,我最终坚持了下来,后来还相当享受那种在校园的操场上、在昌平的马路上、在十三陵水库边留下一身身汗水的畅快。

法大长跑队也因收获了一个个的荣誉,而成为中国政法大学运动队的一张名片,我也为能成为其中一员而感到骄傲。更重要的是,这段经历不仅锻炼了我的体魄,还培养了我坚韧的意志力,人生如长跑,坚持就是胜利,当你在奋斗的过程中,快达到极限的时候,挺住,坚持下去,你就离成功的目标不远了。后来在工作中,每当经历彷徨或挫折的时候,我都会不自觉地想起大学时的长跑经历,想起坚持之后的畅快。让我能在困难时选择坚持的原因,正是这段经历给我的力量。

弹指间,离开母校已经二十五年了,同学们也不时地小聚小酌,就是为了重温那段青春飞扬的岁月和那份难忘的情谊。犹记得夜晚宿舍熄灯后,大家仍意犹未尽地畅谈着青春的话题,与值班老师斗智斗勇;冬日的晚自习结束后,大家迎着漫天飞雪,在宿舍楼下吃煎饼果子犒劳自己辛勤努力时的惬意;在球场上,男生们激烈征战,女生们疯狂加油,原本内敛拘谨的班级氛围逐渐融合,留下了一串串包含青涩的激情与感动;一次次的结伴而行,军都山、十三陵水库、长城、天安门、虎峪、泰山……那些是青春的足迹,指点江山,激昂文字。

离别终于来到,四年前大家从四面八方来到昌平,有幸成为昌平"四期"的一员,四年后,当年植下的小树已郁郁葱葱,而我们却即将离去,当送别毕业生的大巴车即将启动,校园广播里播放着《友谊地久天长》,那一刻,曾经在毕业季多个散伙饭中流过的泪水又一次夺眶而出，大学生活在一次次最真情的流露中画上了一个完美句号，但一生中最难得的友谊却开始了新的延续和升华。

　　大学四年的生活，在人生的长河里实在太短，但对我却意义重大，它无疑是我的青春岁月里最靓丽的那一页。它为我提供了支撑我不断前行的知识和能力，让我终身受益；它培养了我坚定的信念，让我坚信永远跟党走，做一个对社会有用的充满正能量的人；它锻炼了我的体魄，磨练了我的意志，让我在人生的旅程中，可以有充沛的精力去应对每一天的挑战，不断超越自己，积极进取；它还给了我一生最为珍贵的同学友谊，让我们在遇到挫折时可以互相倾诉和支持，在成功时可以互相分享和鼓励，始终保留着那一片最纯真的心灵港湾。

　　感谢母校的辛勤培养，四年的积淀和探索，给了我人生前进的方向和动力。二十五年的工作历程，虽然取得了一点点成绩，但我深知，在未来的旅程中，法大的烙印将会陪伴我一直前行。"昨日我以母校为荣"，我愿"明日母校以我为荣"，我将以此鞭策自己不断努力，以一名法大学子的法律情怀，为法治中国的建设贡献自己的微薄之力。

中国法律援助制度的前世今生*

闫雪晴

在今天的中国政法大学昌平校区，每天中午都可以看到南门外为案件当事人提供咨询的学生，他们来自不同的社团、不同的年级、不同的学院，但是所做的事情却有一个相同的名字——法律援助。也许，1979级校友张耕在参与确立我国的法律援助制度之时，并未想到这会成为法大学生重要的社会实践平台，更未想到这项制度会对我国的法制体系构建产生如此深远的影响。

1983年，张耕到司法部工作，一干就是十五年。"只要任务来了，就是不睡觉，也要把工作做好，领导和同事们都认可我做事认真，这份肯定是值得永远回味的"，张耕说。

1993年，"法律援助"由时任司法部部长的肖扬首倡。有一次，肖扬在我国香港地区无意中了解到香港法律援助署的职能和机制，到司法部工作后，他一直在思考这个问题。"我在一份律师工作的材料上给张耕同志批了很长一段话，第一次提出了要建立中国特色社会主义法律援助的问题"，肖扬回忆。

这个设想引起张耕思想上的强烈共鸣，对法律援助制度重要性的认同促使他下定决心尽快研究建立并操作实施中国特色的法律援助制度。"肖扬部长提出的建立法律援助制度的设想，之所

---

* 作者：闫雪晴，中国政法大学刑事司法学院2020级硕士研究生。

以会引起我思想上的强烈共鸣，与我个人的经历有关系。我在基层工作十一年，后来考上了中国政法大学的研究生。在基层的工作经历，使我了解了很多实际问题。老百姓没有钱打官司，当时也没有律师，贫困地区群众进城打官司非常困难，连吃饭都成问题。一些来访群众反映问题后，既没有钱住旅店，也没有路费回家。在这种情况下，公安部门要出钱帮他们买车票，安排住处。我由于长期在基层工作，了解一些群众的疾苦，因此经常想，如果政府不给予支持，这些群众告状申冤就成问题了。这一点我感触很深。"

在张耕看来，法律援助制度就是要为贫、弱、残等社会特殊群体，以减、免费的方式提供法律帮助，维护法律赋予他们的合法权益，这是与我国社会主义制度的性质紧密联系在一起的。我们用法律援助的手段来保障人民的合法权益得以平等实现，从而体现我国社会主义制度的优越性，其意义是深远的。

张耕在落实肖扬部长的批示过程中，基于我国的国情，充分考虑"三支队伍"的建立问题。一方面，十一届三中全会后，随着律师制度的恢复，律师的数量大幅增加；另一方面，我国公证员、基层法律服务工作者同样人数众多。在张耕看来，"要把所有律师服务工作者都发动起来，建立起以律师、公证员、基层法律服务工作者为主体，包括社会法律援助志愿者在内的浩浩荡荡的法律援助大军，以满足社会对法律援助的需求"。

随着工作的不断开展，张耕进行了一系列努力：将法律援助制度写入《中华人民共和国律师法（草案）》并作专章规定，使法律援助制度获得了明确的法律地位；1996年5月15日，《中华人民共和国律师法》经八届全国人大常委会第十九次会议通过颁布，于1997年1月1日正式实施；收集外国有关法律援助的资料并汇编成册；研究并制定建立法律援助制度的实施方案……

在落实工作方案的过程中，张耕提出，只有成立一个专门的机构，才能有效抓好方案的实施，于是他建议成立法律援助中心。1996年12月，司法部法律援助中心经中央机构编制委员会办公室批准成立，作为国家财政全额拨款的事业单位，张耕担任法律援助中心主任。

从"中国法律援助制度"的首次提出至今二十年，这一制度在诸多方面有了长足的进步与发展。根据中华人民共和国司法部发布的"2018年司法部法律服务成绩单"，全国2018年累计办理法律援助案件145.2万件，同比增长11.1%；受援151.8万人次，提供法律咨询875万人。为全面加强法律援助工作，司法部建立刑事法律援助工作联席会议制度，制定刑事法律援助服务规范，加强法律援助案件质量管理。同时健全法律援助值班律师制度，在公安看守所、人民法院建立法援工作站5900多个，实现法律援助工作站全覆盖。组织实施"西部基层法律援助志愿者服务行动"项目，启动以扶贫攻坚为主题的"1+1"中国法律援助志愿者行动，组织志愿者奔赴中西部服务当地法治建设。

法律援助制度的建立和完善，是我国法治进程中具有重大意义的标志性事件。每次谈到这件事，张耕总是很激动、很欣慰。

佟丽华：一切为了正义[*]

陈泉廷　崔　赫

1994年，佟丽华二十二岁，是中国政法大学行政管理专业大三的学生。那年夏天他产生了这样一个想法：法大如何建立自己的品牌社团？他想到"专业总要比业余的强，只有结合自己的特长，并具有实干性，才能打造自己的品牌社团"。佟丽华最终将这个"准社团"定位在"律师"行业上。抱着这样一个"简单的想法"——构建活跃的北京律师团体与中国政法大学学生之间沟通的平台，佟丽华充分发挥自身的专业特长，奠定了"准律师协会"的工作模式，并将当时北京最活跃的律师群体带入了法大。"那段在准律师协会为弱势群体奔波的日子，为我以后从事公益事业奠定了不可磨灭的基础。成为我人生梦想的起点。"老百姓渴望法律的援助给他带来很大的震撼，"我将来一定要有自己的律师事务所，为社会的公平正义作贡献"。大学时代的佟丽华过得很充实，也很有意义，在那些奋斗的日子里，他渐渐由一个青涩的学生转变为一个拥有成熟思维、扎实干劲和高度社会责任感的青年。

---

[*] 作者：陈泉廷，任职于中国政法大学学校办公室；崔赫，中国政法大学刑事司法学院2020级硕士研究生。参考文章：http://news.cupl.edu.cn/info/1011/16559.htm，《法大的骄傲——佟丽华》。

佟丽华：一切为了正义

1995年，佟丽华毕业后到丰台司法局所属的致诚律师事务所工作，当时单位讲好的条件是：只发三个月的工资，每月300元，以后自收自支。佟丽华说，当时那种不是考虑发展而是考虑生存的条件逼迫他不得不艰苦创业，到1998年底，毕业三年半的他成为当时北京市最年轻的律师事务所主任。

就在同年，佟丽华又产生了一个在普通人看来"不寻常"的想法——以自己在商业诉讼中积攒的积蓄作为资金支持，投身于青少年的维权领域。1998年，他创建了以他的名字命名的法律热线"佟律师法律热线"，任何人都可以通过这条热线获得法律的援助；1999年，他集中精力于未成年人权利保护事业，创建了"中国青少年犯罪研究会青少年法律援助与研究中心"，开始了他作为专职公益律师的生涯。

有人曾问佟丽华，当时中心成立的背景是什么？他的回答很简单，就是他自己和他想做的这件事，"拿自己口袋里的钱往上冲"。但是，"做公益事业这个选择，绝不是拍脑袋作出的。我是根据自己的理想在做，否则，只靠一时的冲动，很快就会在困难面前败下阵来"。2001年，是佟丽华最困难的时期，当时我国从事研究公益法的律师寥寥无几。因种种原因，到2001年时他已欠下几十万元的外债，最后不得已把自己170多平方米的房子卖掉来还债、以维持生活和继续开展法律援助。但是，他没有在困难面前败下阵来，仍然坚持着自己的理念和思路。

当时，有媒体建议他在社会上宣传援助中心的困难，以取得社会各界的帮助，佟丽华拒绝了。佟丽华解释，在他的公益事业中，他始终坚持两个理念：第一，中国的公益事业不应该单以悲壮的色彩感动社会；第二，公益事业不是单纯的造势运动。佟丽华说，他相信有困难是正常的，想做成任何一件事都会遇到困难,但只要能够坚持理想、讲究方法、付诸行动,总会坚持过去的。实践证明,他成功了,他的事业取得了不菲的成就,他本人也被誉为"中国公益律师界的领军人物",连续四次获得"全国法律援助先进个人"称号,两次"全国十大法治人物"称号和2012年国际律师协会年度唯一"公益法律人物"称号。初心可以被定义为一份远大的志向,世界能不能变得更好,我要去试试。佟丽华说:"如果通俗地讲,我是一个有理想、有抱负,有强烈的社会责任感的人,这使得我在困难面前不容易妥协","对年轻人而言,只要于社会、于己无害,敢想,觉得事情可做,就要立马去做"。

佟丽华坚信,每个人的努力和执着都能改变环境,经过多年努力,他已经把这项个人推进的公益行动发展为整个行业的公益事业。佟丽华在1999年、2005年先后创办我国未成年人和农民工法律援助与研究领域第一家面向全国的公益法律服务机构,超过50万未成年人、农民工等弱势人群从免费法律服务中直接受益;2002年1月,在佟丽华的倡导下,北京律师协会成立了全国第一个未成年人保护专业委员会;2003年5月,中华全国律师协会成立了未成年人保护专业委员会,由佟丽华任主任。

佟丽华深知,公益法律援助不只是要帮助一个人、一个群体,更为重要的是通过每一次援助推动相关法律和政策的进步。他曾撰写和主编《未成年人法学》《中国农村法治热点问题研究》等70余本法律图书,受有关部门委托起草《北京市未成年人保护条例》《中华人民共和国未成年人保护法》等修订草案,深入参与《中华人民共和国劳动争议调解仲裁法》《工伤保险条例》等法律法规制定工作。

公益为心,法即信仰。佟丽华认为,在一个法治时代,法治要给弱势群体以希望、信心和保障,让普通百姓看到,正义是可以依靠法治实现的。"建立一个健康的法治国家,不仅是我们法治人的梦想,也是保障所有老百姓,尤其是那些弱势人群权益最好的路子。从公益律师的角度来说,我们对国家未来的发展充满信心。"未来,他将以至诚之心为了正义更加不懈地努力。

马新明：伉俪深情寄雪域，敢担当者立高原[*]

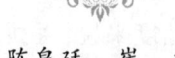

陈泉廷　崔　赫

1972 年 12 月，马新明出生在云南省丽江市一个贫困的彝族家庭，在社会爱心人士的资助下顺利完成学业。求学时的不易让他不敢忘却所曾受过的恩情，1995 年 7 月从中国政法大学毕业后，升学至北京大学读研的马新明、孙伶伶和几位同窗好友共同创立了"未名奖（助）学金"，坚持每年为孩子们送去关爱，从未中断，先后资助了 5000 多名贫困学生。此后，他陆续发起多项行动，汇聚社会各界爱心人士的力量，为藏区多所中小学和书屋捐赠价值数百万元的冬衣、电脑和图书等物品。

2005 年，马新明第一次从北京来到西藏，青年时的奉献担当精神在这片高天厚土上得到再度激发，当时他就对朋友说："有朝一日，我一定会来西藏工作。"自此，马新明心中深深地埋下了"西藏情结"。正因为这份跨越三千多公里的缘与爱，2010 年 7 月，时任北京市委宣传部机关党委副书记、基层处处长的马新明与爱人孙伶伶主动请缨援藏，成为第一对拥有海外访学经历且两届援藏的博士夫妻。马新明与孙伶伶本科期间相识于法大田径队，孙伶伶是第六批援藏干部，北京大学法学博士，任西藏社科

---

[*] 作者：陈泉廷，任职于中国政法大学学校办公室；崔赫，中国政法大学刑事司法学院 2020 级硕士研究生。参考文章：http://news.cupl.edu.cn/info/1014/8071.htm。

院编辑部副主任,主要承担全国核心期刊《西藏研究》汉文版的编辑、英文版创刊及科研工作,先后完成国家社科基金课题2项、个人主持课题3项,参与国家级及有关部门委托课题9项,发表成果论文近百万字。另外,她非常注重当地团队培养,带动了一大批年轻科研人才的成长。三年援藏期满,孙伶伶主动申请继续援藏,留任西藏社科院当代西藏研究所副所长,承担西藏重大理论和现实问题相关研究。

马新明先后在拉萨市人民政府、拉萨市委宣传部、拉萨市委工作,曾获得"中国全面小康突出贡献人物""中国节庆创新先锋人物""西藏自治区优秀援藏干部""全国援藏20年先进典型"等称号,当选西藏自治区第十届人大代表、北京民族联谊会副秘书长,先后分管拉萨市的交通、旅游、教育、民政等20多项工作。为让农牧民搬进安居房,马新明四处奔波,从设计、备料、施工到验收都亲力亲为;发生鼠疫,他火速奔赴现场,连夜组织救援……在急难险重中,马新明总会第一时间到达现场,从不退缩,从不推卸责任。在这座海拔高达3650米的日光城,当年的运动健将在高原工作生活数年,也陆续出现了血压偏高、睡眠不好、记忆力下降等问题。在北京几乎没去过医院的马新明,来到西藏不久就患上了痛风,孙伶伶更是因高原反应患上了溃疡性结肠炎。

每到公务特别繁忙时,马新明的痛风就会发作,加之滑膜炎,整个右腿膝盖肿得不敢踩地。马新明的同事闫伟说,为了不耽误工作,马新明拄着拐杖外出处理公务,"曾亲眼看到马书记把拐拄断了,当时我眼泪在打转,但是我没说,因为书记'拼命三郎'的工作态度,说了也不会听"。

"援藏干部哪个能离开药瓶子?我们没那么娇气。"强忍高原反应，他们依旧奔走不停。这对温文尔雅的学者夫妻有着一股子韧劲儿，一猛子在拉萨扎下了根。面对工作和生活中的艰辛，孙伶伶一笑而过，"相比在那曲、阿里海拔更高、条件更艰苦地区的援藏干部，我们幸福得多，那些干部们来拉萨都会开玩笑说是来吸氧的"。

在高原上工作，最稀缺的是氧气，最宝贵的是精神。"我相信，只要能有勇气来援藏的人，都有一些理想主义色彩，都有一种勇于担当的奉献精神。"出生在云南省丽江市宁蒗彝族自治县的马新明信念始终如一："我来自边疆少数民族地区，国家培养了我这么多年，有机会改变少数民族地区的面貌，报效祖国，做点实事，也是我一生的梦想。"

胡崇明：优秀检察官的创业之路*

张雪倩

从 1997 年毕业至今，胡崇明的职业生涯简单明了地分为两个阶段：第一个阶段，心怀成为一名优秀法律精英的梦想，大学毕业后他顺理成章地进入检察院，从书记员做起，勤奋踏实，刻苦钻研，一步步成长为一名办案能手、主诉检察官、"打恶除黑"先进个人，连续多年被评为"市级优秀公务员"；第二个阶段，毅然辞去检察官职务，只身一人来到上海，加入 51.com，投身于互联网创业生涯，如今的他已经是上海黑桃互动网络科技有限公司的董事长了。毕业后的他有着两段截然不同的人生，但都活出了自己的精彩。从检察官到创业精英，明明是优秀的检察官，为何却要自己创业？

考大学的时候，胡崇明选择了当时最热门的专业之一——法律。大学毕业时，他像大多数人一样，回到了自己的家乡，进入了专业对口的司法机关。入职后，勤奋踏实的胡崇明很快就展现出了自己的专业办案能力，秉承着惩恶扬善的信念，作为公诉人的他参与侦破了近 500 起案件，其中很多都是大案要案，案件类

---

* 作者：张雪倩，中国政法大学证据科学研究院 2019 级硕士研究生。参考文章：《胡崇明：明明是优秀的检察官，却要创业当老总》《基层校友寻访｜胡崇明和他的读书故事》。

型也复杂多样——打黑、除恶、反腐等。在工作之余，他会花时间来学习金融、工商、税收等方面的法律知识，还会涉猎社会学、哲学、文学等多方面的书籍，保证自己在每一个学科上都有充分的阅读量。胡崇明表示，不论是传统的文史哲，还是最新的科技，都能帮助自己对事物的本质和社会运转的规律有比较准确的认识和判断。专业对口再加上勤奋努力，让胡崇明在检察官岗位上的工作一帆风顺。

作为检察官的胡崇明在家乡认识了 51.com 的创始人庞升东，在 51.com 完成两轮融资后，老乡庞升东开始频频向胡崇明发出邀请。这让胡崇明陷入了一个两难的境地，一方面是自己熟悉且已经步入正轨的检察官工作，另一方面是老乡的频频邀请和方兴未艾的行业，面对这个选择，胡崇明坦言自己纠结过，他不知道自己将会面对什么，也不知道自己能不能在互联网行业站稳脚跟，但最终还是下定决心辞职并加入 51.com。放弃稳定的事业，转入一个全新的、未知的领域，这在当时看来并不是一个很明智的选择，但就是这一选择让胡崇明看到了一个全新的世界，也彻底改变了他的人生轨道。

就在胡崇明准备加入时，51.com 的业务量迎来了爆发式的增长，刚刚接触互联网行业的他对于网络技术一窍不通，只能没日没夜地学习相关知识。他花了整整两个月的时间，终于将 51.com 的所有资料、业务、流程、数据等全部看完，不仅如此，他还找到了连接自己与这个行业的切入点——法律。结合网站的特点，胡崇明开始尝试将公司的整套法务体系建立起来。他带领团队逐步建立起管理的基本框架，完善公司的制度体系，招收法务人员，建立商标管理体系，这些都为 51.com 日后的发展打下了坚实的基础。2016 年，以数十亿的公司估值，胡崇明成功将业务整合为上海黑桃互动科技有限公司,并担任董事长。胡崇明坦言,在公司成长过程中,读书这一习惯使他受益良多,稻盛和夫的《活法》、德鲁克的《卓有成效的管理者》、柳井正的《经营者养成笔记》等,他都会再三研读,在潜移默化中掌握真意,并不断应用到工作实践中。胡崇明还将读书这一爱好发展成自己的企业文化,他采取各种措施推行读书习惯,营造阅读氛围。在他的公司里,员工上班时打开电脑的第一步便是抄写推荐书目中的一段话,完成此项任务,电脑才可以联网工作。就这样,他和公司一起迅速成长着。

从法律职业开启自己的人生事业,经历从检察官到互联网创业者的转换,他成功地利用"法律"将自己截然不同的两段人生联系了起来,这是他考入法大时完全想象不到的人生。成功后的他没有忘记母校的培育之恩,2017年正值法大65周年校庆,怀着对母校的感恩之情,胡崇明给学校捐献1000万元,用以资助青年教师和沈家本文物书籍修复等项目,以自己的方式回报母校。

胡崇明喜欢读书,家里的藏书就有3000多册,更难能可贵的是每一本他都看过。不论是做检察官还是自己创业,读书都使他受益匪浅。对应他的人生轨迹,更可以印证这样一个事实,那就是,在他人生的各个阶段,是读书为他厘清了方向,明晰了规律和内涵,甚至帮助他在人生的重要关头作出各项决定与取舍。胡崇明说,读书,让他感悟到了人的渺小。于是,每每遇到困难,他就告诉自己:把这点事情放到五千年的历史中,放到茫茫的宇宙中,算得了什么。他用书中智慧认真生活,他用书中智慧指导人生,身体力行,做一个有责任担当的读书人,成为一个有理想信念的法大人。

彭燕：淡定赴苦宴，积极过人生*

闫雪晴

随着关键性证据照片的出现，案件出现重大转折，可就在此时，"铁燕子"却被医院告知身患癌症，必须立即住院……镜头移转，手术后的"铁燕子"身穿病服仍在和同事交接工作……这是电影《钢铁玫瑰》中的情节，更是故事主角原型人物彭燕的真实经历。

1997年，彭燕从中国政法大学毕业并以优异的成绩被昌平区人民检察院录取，长期在公诉一线工作，办理、审查各类刑事案件几千起。十三陵天堂别墅非法经营案，就是彭燕承办的众多疑难、复杂的案件之一。

该案涉及1个单位犯罪、9名自然人犯罪，牵涉全市各城区被害人2000余人，证据时间跨度8年，账册等证据达400余册，预审卷宗80余册，塞满近两米高的卷柜。彭燕带领书记员夜以继日地对账册进行审查、摘录、核对，仅用一个半月时间就完成了对73本卷宗、百余本票据账册的审查，对9名犯罪嫌疑人的提讯，对长达26万字阅卷笔录的梳理、分析工作。

偏在此时，人生邀她奔赴一场苦宴。2005年，埋头专注于整理分析相关卷宗笔录的彭燕，在常规体检后收到的却是甲状

---

* 作者：闫雪晴，中国政法大学刑事司法学院2020级硕士研究生。

彭燕：淡定赴苦宴，积极过人生

腺癌的诊断报告书。31岁，风华正茂的年纪，正是在事业上大展宏图的黄金时期。祸不单行，在国企任职的丈夫下岗了，承受着精神物质的双重打击，无力分担来自生活的重压。而独自一人承担家庭负荷的她又接到家中母亲离世的噩耗。许多人叹惋，觉得这来势汹汹的命运对她太过残忍。这场苦宴，她要如何应对？

"我想，就像一个部队必须要有亮剑精神一样，我们每个人也都要有一种向上的精神，要对得起生命赋予你的宝贵时间"，彭燕如是说。十三陵天堂别墅董事长姜某这样狡猾难缠的商界老手都在她巧妙运用心理战术后承认犯罪事实，纵是面对生活施加的难题，"铁燕子"彭燕又怎会畏惧？"每个人都会生病，只是有轻有重。你生病了，肯定需要经历一个过程，关键是这个过程的长短，这个过程对你的影响程度。态度决定人生，精神支持命运。我们不能被疾病打倒，也不能被自身击垮。"多年后，彭艳接受采访时坦然道出她对那场难挨的苦宴的回应。彭艳以最快的速度平复心情，积极配合医生进行手术治疗。

"一定要保住我的嗓子，我是一名公诉人，离不开说话。"听说手术可能伤到声带，彭燕嘱托到。躺在病床上，输着液、吃着药的她还时刻惦记着没有完结的天堂别墅案，她把接替工作的同事请到医院来详细讲解案件脉络、人物关系、认定数额、证据完善、定性问题、法律适用等，她想把案件都交代清楚，不让后面的人感到麻烦。功夫不负有心人，她出院后的一个月，该案被成功提起公诉，被告单位最终被判处罚金3000万元，9名被告人分别以非法经营罪被判处刑罚。

但命运似乎有意要考验她，在术后9个月的例行检查中，彭燕被查出癌细胞已转移至淋巴结。病痛的折磨并没有把彭燕击垮，两次手术后，彭燕重回工作岗位。

正是凭着这股永不服输的劲头，彭燕的检察生涯里留下了一串串闪光的数字：从检 12 年，在公诉岗位 10 年，28 岁通过竞争上岗担任主诉检察官，30 岁任公诉二处副处长，31 岁罹患癌症，33 岁重回公诉二处任处长，35 岁成为院专门型人才……彭燕说，她还要做更多的事。

2012 年，北京市昌平区人民检察院未成年人案件检察处成立，身兼二职的她，工作更忙了。因发生争执而被炸伤后背 T4 水平脊髓导致高位截瘫的小亮、高三涉嫌盗窃却面临高考的小雨、被父亲强奸怀孕而失去生活希望的女孩……面对未成年人，"铁燕子"更多展现的是柔情的一面。彭燕用母亲的心去教育、挽救、保护他们，尽全力让迷途的少年回归正道，让受伤的孩子得到抚慰，让破碎的家庭重现笑颜。

"人最应追求的其实是生命的宽度而不是长度，我就尽量放大生命的宽度，多做几件让老百姓称道、家人欣慰的事。"在这场人生的苦宴中，彭燕就像一朵不畏风雨而怒放的钢铁玫瑰，用实际行动书写着一位女检察官的绚丽人生。

西部之路*

——记一次难忘的社会实践活动

袁 林

时光如白驹过隙,距离那次难忘的大学暑期社会实践活动竟然已经过去整整 20 年了。1998 年,一次普通的社会实践活动,成了我至今仍引以为傲的谈资。

按照法大的惯例,学生在大二暑期要进行社会实践,大三暑期要进行集体实习。社会实践的形式与内容没有很严格的要求,只要最后能提交盖了章的社会实践登记表即可。但我们班的班长有更好的主意,他想组团去集体实践。起初,响应者也不少,但到了具体要实施时,就只剩下我们宿舍的老三、老四和我。团队算是有了,四个男生,被同学们称为"师徒四人"。这个称号倒是让我们明确了一个方向,就是去西部进行社会实践。

对于此次"新西游记",四个人都没有什么经验。班长提议,不如找老师来指导一下。于是,在 4 月的某个下午,充满诗人气质的青年教师龙卫球博士被我们请到了宿舍。记得那天是个阴天,宿舍里有些昏暗,但龙老师的一席话,为我们拨云见日。他提议,我们首先要明确实践主题,可以以了解农村政治经济为

---

* 作者:袁林,中国政法大学 1996 级法律系学生,现任职于中国政法大学组织部。

主,以普法为辅;其次,要做好整个社会实践的规划,包括具体的路线设计、活动安排与材料准备等;最后,还要做好活动经费的筹措等工作。龙老师为我们解答了许多困惑,但也留下了更多需要解决的具体问题。

选择去什么地方社会实践呢?老四说,他家是山西的,可以去大寨,看一看"农业学大寨"的今昔对比。我们都赞成。但还有什么其他地方可以去呢?大家又没了头绪。班长提议,再找老师请教。于是安排我和老三去拜访杨振山先生。没有人引见,也没有预约,我们两个愣头小子就直接登门拜访,忐忑之情自不必说。但从开门的一刹那,我们就发现所有的紧张都是多余的——杨先生听说是法大的学生要出去社会实践,非常高兴。他讲了许多有关社会实践的想法,鼓励我们一定要深入基层,特别是要去农村,要关注社会热点问题,比如基层组织换届选举、农村土地问题,等等。还说,如果有什么法律问题,可以随时找他咨询。正是有了老师们的悉心指导,我们社会实践的思路愈发清晰。班长带着我们翻阅报纸,专门查找有关西部发展的新闻。于是,河北赵县东王庄的村委会选举、宁夏吴忠市金积镇涝河桥村的牛羊屠宰批发市场、宁夏中卫市的"沙坡头"治沙、甘肃永登县苦水镇的玫瑰花产业先后进入我们的视野。一条从河北到山西,再到宁夏、甘肃的社会实践之路,逐渐清晰起来。

所谓兵马未动,粮草先行。四个人都来自普通家庭,除了生活费,我们也不好意思再向家里伸手要钱。怎么办?拉赞助,成了唯一的途径。可是去哪里拉赞助呢?讨论了很久,我们想此次社会实践是去西部普法,就决定去律师事务所试试。我们花了一周时间做策划书,又四处找律所的地址、电话。那时还没有发达的网络,我们也没有个人电脑、手机。只好去邮局,翻电话号码簿，一页一页地找。我们分成两组，去城里的律所一一拜访。每次坐公交往返至少要四五个小时。整个5月，我们为拉赞助的事而奔波，但没有一点进展。我有些灰心丧气了。阴郁的情绪似乎开始在整个团队弥漫。只有班长，坚信我们一定能成功。

在一次讨论中，大家觉得拉赞助不成功的原因，除了策划书不够吸引人，另一方面可能是缺少名人推荐。想来想去，我们想到了江平先生。一天，我和老三继续去律所拉赞助，班长和老四去了学院路校区拜访江先生。当晚，我和老三依然是无功而返，心情沮丧。而他俩迟迟未归，直至快熄灯时才回来。一见到我们，便小心翼翼地从书包中取出一张纸来，上面写着"西部之路——江平"。原来，下午他俩去江先生家时，先生正好外出，他俩便在楼下一直等到天黑，终于见到了江先生。江先生为我们题字，并希望我们在实践中求得真知、悟出真理。

有了诸位老师的鼓励与支持，我们又重燃希望。每次从城里回来，我们都总结经验教训，不断完善策划书和谈话策略。时间进入6月，但赞助的事情还没有着落。又临近期末考试，还要准备考英语四级，四个人都感觉压力很大。可是已经筹备了几个月，如果放弃了又实在不甘心。于是，我们把所有的空闲时间都用来跑律所了。记得我和老三去君合律师事务所，第一次进高级写字楼，颇有点刘姥姥进大观园的感觉。在前台说明来意，工作人员说如果没有预约，只能去问问。坐在大厅的沙发上，我俩感觉又要被拒了。但未曾想到，居然有一位律师愿意接待我们。他仔细看了我们的策划书，询问活动的筹备情况，还特别问到江先生的题字。最后，他说律所的赞助必须经过合伙人会议。离开时，他给了我们他的名片——武晓骥，说一有消息会联系我们。出了律所，我俩抬头望着高耸的写字楼，摇摇头说"没戏"。

随着时间的推移，赞助一事似乎越来越没有希望了。就在我们想打退堂鼓的时候，班长和老四决定再搏一次。真是柳暗花明，当晚他俩便带回了好消息。他们去了正平律师事务所，没想到该所的李炳成主任是法大校友。他热情地接待了班长和老四，并以个人名义资助2000元。虽然这笔钱还不足以支持我们完成实践活动，但毕竟是个好的开端。又过了几日，班长和老四去北京同达律师事务所，遇到了该所的刘红宇主任。在交谈中，她说自己是西南政法大学毕业的，虽不是法大校友，但身为法律人，很愿意支持法学学生去社会实践。她的3000元资助，真是雪中送炭。没过几天，武晓骥律师联系我们，表示律所没有通过我们的赞助请求，但是所里的几位法大校友以个人名义资助1000元，希望能够助力我们顺利完成社会实践。

路线确定了，经费凑足了，我们开始制作实践团队的T恤，印制普法宣传材料。在T恤上，我们印上了江先生的题字和三家律所的名字，以表达对老师、校友、法律同仁的感谢。期末考试一结束，我们的西部之行就开始了。绿皮火车、长途客车载着我们穿行于河北平原、黄土高原、河套平原、腾格里沙漠边缘、祁连山脉、黄河岸边……在东王庄的农家小院里，与村民促膝而谈，倾听他们对村委会选举的看法，那是比新闻报道更原汁原味的声音。在大寨村与农民同吃同住，开展普法宣传，给小学生讲课；拜访大寨的传奇人物——郭凤莲，听她讲述大寨的过去与现在，并亲身感受大寨人战天斗地的精神和大寨村翻天覆地的变化。同时，又在距离大寨村不足5公里的虎头村，看到贫穷落后的一面。村里没有自来水，富裕人家自己打井，而绝大多数人喝的水就是下雨积在坑里的水。进了几户人家，没有电视，甚至连电都不通。回大寨村的路上，我们几个默默不语。只有深入生活,才发现现实远比我们想象的残酷。在涝河桥的屠宰批发市场,我们看到了一个村庄如何利用自身优势发展成为全国最大的牛羊肉专业批发市场。在沙坡头,看到了体现劳动人民智慧的麦草方格治沙法;又偶遇马来西亚华人治沙专家,为我们科普防沙治沙的经验与方法。在永登县苦水镇,因为错过了花季,我们未能见到玫瑰花海。实践活动就在这个遗憾中走到了尾声。

我们要在兰州作别,各奔东西了。班长邀我去敦煌,我一想,自己每次坐火车回家都会过柳园站(2000年至2006年曾更名为敦煌站),认为以后有的是机会,就赶着回去见父母了。结果,20年过去了,"敦煌飞天"依旧是个梦境。那曾经千年不朽的石窟,在这20年里大概已褪去太多的色彩。老四要在兰州逗留几日,说要领略金城之美。老三酷爱书法、研习佛经,要去西安拜谒碑林、寻访玄奘法师。于是乎,"新西游记"的师徒四人未经八十一难就作了"鸟兽散"。

开学再聚,已是金秋九月。我们开始操办实践活动图片展。班长喜爱摄影,略通绘画,便负责版面设计。老三擅长书法,负责版面文字。老四和我负责整理材料,撰写实践报告。回顾近一个月的实践活动,我们感受颇多。我们看到了祖国的大好河山,也体会到普通民众的辛劳之苦;看到了欣欣向荣的改革景象,也体味到百姓深陷贫穷之伤;看到了法治昌明的渐进之路,也体察到封建残余的束缚之深。书本与社会的差异,理想与现实的迥异,都在促使我们不断去思考。

20年过去了,物是人非,抑或人是物非。杨振山先生驾鹤西去,为我们留下"平等主体关系说""情势变更原则""社会主义劳动论"等诸多论述。江平先生始终信奉"只向真理低头"的格言,指引法大学子追寻公平正义的理想。龙卫球老师自2007

年转去北京航空航天大学法学院任职，为该校的法学教育闯出了一番新天地。刘红宇、武晓骥、李炳成都是知名律师，在各自的领域为推进法治建设而努力。而当年的四个毛头小伙子，如今已人到中年，是否还心怀理想，不忘初心？毕业后，班长做了律师，现在还办起了绿色农业园，依旧激情不减。老四从检察院转入律师界，始终战斗在法律一线。老三在公安系统经年累月地加班加点，但一有时间便骑着摩托车在山间追寻闲云野鹤般的生活。而我，就躲在这小而美的法大校园，听着青年学子年复一年地高呼"挥法律之利剑，持正义之天平……""四年四度军都春，一生一世法大人"。现在，四个人都忙于各自的事业，不知还能否有机会重走"西部之路"，重温青春之梦？

所谓"铁打的营盘，流水的兵"，每一批学生都经历了不同时代洪流的激荡。我们与他们或许有太多的不同，经历了别样的青春，但也或多或少有过相似的经历与体验，就像那一次难忘的社会实践。我们在遇到困难与困惑时，都曾受到过老师的指点、校友的帮助、法律同仁的支持。而且，法大精神已潜移默化地融入我们的血液，让我们有了一个共同的名字——法大人。

正如郑永流教授所言：凡我在处，便是法大。愿每一位在法大学习、生活、工作过的人，都曾在军都山下、小月河畔有一处属于自己的精神家园。无论天涯海角，无论世事变迁，每一个经历过法大精神洗礼的人，都能秉承公平正义之理想，不忘初心，努力为法治之昌明、人民之幸福、民族之复兴、人类之进步而奋斗终生。

陶然酌饮叙半生*

何 嘉

> 绿蚁新醅酒，红泥小火炉。
> 晚来天欲雪，能饮一杯无。
> ——白居易《问刘十九》

中秋节那天晚上并没下雪，不过木头、桔子和我饮了好几个"一杯"。

我们仨是大学同学，相约九八，在军都山下"厮混"了四年。他俩毕业后都去了北京的法院，后来又都辞职"下海"，成了一双人民律师。

木头是土生土长的北京人，并且表里极其如一。他身材魁梧，吨位可观，步态缓慢稳健，这正像他说话办事的风格，比如你有问题问他，即便他不咋懂，也一定会像一名成功律师那样不紧不慢地给出解答。他腕戴一块劳力士迪通拿钢壳手表，外行看了不扎眼、内行看了挺显眼，一如他闷骚的性格。多年前他打算"求偶"时，曾昙花一现减脂二三十斤；刚去做律师时，又照着于谦烫了个头，妄图在当事人面前装扮职场老司机。

桔子是个热诚的"东北银"，自从做了律师，他就把管理众

* 作者：何嘉，中国政法大学 1998 级校友。

人之事的热情与才华毫无保留地献给了身边人。他会定期编剧并导演我们三家人去旅行，确定好的计划一旦有变化，你就能从他每个毛孔渗出的烦躁中感受到 A 型血特有的较真与执拗。旅行间偶尔会碰上点消费争议，桔子总会第一时间冲上去和对方辨法析理，虽然这通常并没什么用，但依然会让我们飘然觉得自己也是有律师的人。每次出行后，桔子都会根据每家人参加的不同项目和人数把费用分摊，并精算到个位数，这让我们的每次出行都务实而不铺张，很好地满足了我作为低收入公务员的自尊，更让我们的活动机制得以持久。不过我还是更钦佩桔子在算账方面的天赋异禀，我一直觉得，即便在律师界混不下去了，他也一定可以去当一个凑合的会计。

木头、桔子和我们绝大多数同学一样，都是高中时的尖子生，"一不留神"考到了法大。不可讳言，法大地处偏远，规模局促，当时甚至还没进 211，但我一直觉得，所有这一切都掩不住法大自身的底蕴，遮不住法大人自己的光芒。正像木头和桔子，他们和我不少法大同学一样，眼不高又手不低，上进又知止，专业娴熟又刻苦耐劳。所以，他俩的律师生涯很快就小有所成。作为二十年的同学，我可以明显感到，成为律师之后，他俩办事越来越在意机会成本和经济利益了，但不紧不慢的木头并没有急功近利，精通计算的桔子更是深谙取舍。记得有一个朋友的案子我曾想介绍给木头代理，他认真研究后给出很有价值的咨询意见，但案子他却不肯接手，他说他确实没把握达到当事人的预期，自己挣钱而让我在朋友那儿落埋怨的事儿，他宁可不干。我也曾有一个上镜出名的机会想介绍给桔子，但被他回绝了，他说他不想一夜蹿红，还是想靠稳扎稳打去实现一种良性的循环与平衡。说实话，我很喜欢他们这副"胸无大志"的样子，这不仅可以有效减缓我和他们之间财富差距拉开的速度，而且可以让他们在逐利的过程中不至于因太想得到而动作走形，甚至失去应有的安全。《中庸》说"发而中节"，大概就是这个道理吧。

俗话说，官商两条路。我每天的工作是在对最广大的人民给予无私奉献，而木头和桔子则是在为很具体的群众提供有偿服务。我们业务上没有任何交集，共同话题也越来越有限，但我老是想和他们见见面，一起溜溜娃、扯扯淡、打打三国杀，或者像中秋节那天那样，三家人到郊外小住，哥仨酣饮几杯，陶然叙旧。每到那时，我便可以卸下身上一切的行头与疲惫，用恣意的嬉笑怒骂去醉心品味二十年前的那份简单与闲适。

瓢饮遇知己　封樽敬山河*

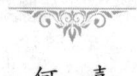

何　嘉

> 段誉和那大汉你一碗，我一碗，喝了个旗鼓相当……最后二人各饮了四十碗酒，乔峰仍未见丝毫醉意，段誉则要靠着六脉神剑之功，将饮下去的酒逼出来，才没有醉倒。
>
> ——金庸《天龙八部》

那个星期天在力哥家，我俩又喝了不少。我时常觉得，我和力哥喝酒时就像段誉和乔峰，悲催的是，我不会六脉神剑，嗯，一脉都不会。

力哥是比我大十级的法大师兄，也是我在第一部委时的同事。

我二十二岁刚到第一部委工作时，力哥是部里的团委书记。他属于那种做事有思路、有办法又追求完美的人，每到有重大任务时，他都会在单位后面的小饭馆摆上一桌酒菜，把我们这些年轻人招过去出谋划策，比如怎样才能把一年一度的春节团拜会每次都办出新意，怎样才能把中央精神的培训班办得既上接天线又喜闻乐见，怎样才能让部里的单身男女肥水不流外人田……吃了

---

* 作者：何嘉，中国政法大学1998级校友。

力哥嘴很短的我们总是会绞尽脑汁地立功表现，酒过三巡的兴奋更会让大家在一次次山穷水尽的情境中碰撞出柳暗花明的灵感，其中很多创意至今回看仍不失为经典。饭后，力哥会敞着怀，披着他那件深绿色皮衣，任寒风吹过胸口、撩动着长款皮衣的下摆，身后跟着一众少男少女，拉风地走在去往钱柜 KTV 的路上。他会让我们先唱，之后我们会默契地帮他点上几曲《再回首》《野百合也有春天》那样的老歌，让他有舞台在二十岁的我们面前秀一下三十岁的沧桑。

力哥是很有营养的人。那时，年轻的我喜欢跑到他家里，他会下厨烹上几道安徽小菜，然后与我对饮。未喝酒的他与我其实都挺闷的，所以头几杯我们会喝得很快，待话语渐多时，我们会酣谈收获与感悟、畅叙情怀与理想，那总是会让我感到共鸣、看清方向，更会让我得到兄长的鼓励、获得前行的力量。我们会越聊越嗨，所以后面的许多杯会比头几杯喝得更快。每当力哥把白酒换成啤酒时，就预示着本次对饮到达了高潮和尾声，这时的他接近尽兴，而我则已神志不清。

力哥还很有智慧，我总觉得他深陷在眼眶里的那双大眼睛忽闪忽闪，似乎洞察着一切世故与人情。八年前，力哥带着造福一方的满腔抱负去南方的甲市任职（不是挂职）市委领导。甲市出了名的生态复杂，我甚至曾一度担心机关出身的力哥会不会陷进去不能自拔。他偶尔回京时，我会去他家里看他，他会跟从前一样，就着酒菜和我聊聊甲市任职的经历与奇遇，在他的只言片语中我得知，对面这个和我把盏谈天、即便面对再困难的任务都能对酒当歌的老兄，在甲市居然戒了酒并远离了各种无谓的应酬。这时的我一下子放心了许多。四年前，力哥不出所料，带着在甲市的出色业绩与丰富阅历受提拔回了北京。

那个星期天，是力哥回京以后我第一次去他家。我恍惚中记得力哥摇了摇空空的白酒瓶，跑去厨房提来了几瓶啤酒。我心知肚明，自己早就多了，而且不会啥六脉神剑，但却跟每次一样，怎么都忍不住抓起啤酒，跟力哥再喝上几瓶。

共甘苦　同斟酌[*]

何　嘉

> 河西幕中多故人，故人别来三五春。
> 花门楼前见秋草，岂能贫贱相看老。
> 一生大笑能几回，斗酒相逢须醉倒。
> ——岑参《凉州馆中与诸判官夜集》

我和大西、小西认识时，是多年前我到第二部委工作以后。那时他们都已过而立之年，并且都有了这个年龄标志性的微胖。

大西是法大的硕士，比我年长。他一张嘴你就能感受到浓重的鼻窦炎和清淡的胶东音。大西的微胖从长宽高整体上都比小西大一号，只有在篮球场上你才能明白他其实是一个动作多么灵活和诡异的微胖子。在我们调侃小西时，看似很闷的大西总是会不失时机地爆几句料、奉献几记"神补刀"，给我们的调侃加几层"伤害buff"，那时你便会意识到大西忠厚的面孔下隐藏了一个深度调皮的灵魂。

小西是法大的博士，比我略微年轻。从他的普通话里，你几乎听不出江苏乡音。不论是公务活动还是私下场合，小西都像兄弟一般给我以周到的照顾与帮助，我总是能从他的办公室翻出点

---

[*] 作者：何嘉，中国政法大学1998级校友。

肉脯、饼干以慰藉我加班时焦虑的心情。他们夫妻恩爱、家庭温暖，所以即便他经常夜不归宿，在单位加班，也看不出有啥后顾之忧。我时常规劝他没事要早点回家，但扭头就会刷新记忆，布置一堆任务，让他的"没事"成为幻影。

第二部委的工作是清苦而充实的，充实到你基本没有什么可以自由掌控和支配的时间。记得我刚到第二部委的那一年冬天，我们仨一起加班到午夜，我从大西那儿得知当天是小西的生日，大西出门买了盒煮花生，我和小西翻箱倒柜找出一瓶红酒和一袋鸭脖，那天在办公室里，是我给小西过的第一个生日，我趁着酒兴立下了革命战友的豪言：以后每年都要陪小西过生日！当时的小西万万不会想到，我真的践行了这一诺言：此后每逢小西生日那天，我们不是一起加班，就是一起出差。

第二部委的工作也是快乐的。那是一个负责统筹协调各方关切、推动事关国家全局的重大工作、从顶层设计政策的部门。我们仨的力量当然相当有限，但这微薄之力却可能惠及千万人的生活。我们会一起下基层调研、与群众座谈，回来后字斟句酌甚至相互争论，究竟怎样落笔才能使出台的政策让最多的人受益；接到重大任务，我们会一起昼夜无眠连续作战，会在拿出尽如人意的成果时按捺不住内心的小欢喜，就着烤串撅一瓶小酒，指点一通江山之后志得意满消停入眠。其实对我而言，大西、小西的存在本身就是一种快乐，是他们的"垫背"，分担了我繁重的任务、稀释了我加班的苦闷。

去年，大西辞职下了海；年底，我也暂时到了第三部委。《海贼王》里的火拳艾斯曾对弟弟路飞说：你和我，都应该在大海上随心所欲地驰骋，我有我的冒险，你有你的伙伴。如今，我们兄弟三人各自开启了新的航程。如果我没记错的话，小西的生日马上又要到了。不知道今年的生日,小西会在哪里,怎样去过呢?会继续在办公室加班么,还是会回家团圆,又或许,我们三人会不约而同地再度重相逢,斗酒尽欢抑或围炉小酌?

别样的法大：军都山下无关法学的生活点滴[*]

施兆军

想到母校，脑海中最先跳出来的，依然是那句"四年四度军都春，一生一世法大人"。

2000年我被母校录取，进入经济法系学习。记得在入学之前，我专门去找高我一届的平宽师兄打听学校的情况。从拿到录取通知书起，就常常梦到上学的场景，然而从未出过远门的我，梦境总是到了车站就戛然而止。转眼已毕业十五年，工作在基层，既无法学相关贡献，也无过人岗位业绩，相比于中国政法大学，相比于各种有成的师长、校友们，难免惭愧忐忑。

突然要写一篇自己和母校有关的文字，"近乡情更怯"的情绪油然而生——时空的距离让我觉得遥远而陌生，曾经熟稔的名字、那些活泼的面孔却又那么清晰地浮现眼前。无论离开多久，虽然难得再见，那些温暖而美好的记忆，已经融入生命，需要的仅仅是一个唤醒的契机。

电　话

那时候，宿舍里没有电话。宿舍管理员办公室里有一部电

---

[*] 作者：施兆军，中国政法大学2000级校友。

话，如果你的亲朋好友有幸打通了这个号码，那么大爷又或大妈那亲切的声音会在宿舍的小喇叭里响起：某某宿舍谁谁谁，楼下接电话！当然，这是一个很小概率的事件，近千人公用的号码，能打进去，并且你刚好在宿舍，嗯，你会激动得泪流满面，飞奔下楼，心中默念："中奖！"

所以，更多的同学，把通话的希望寄托在了校内几幢宿舍楼下的201插卡电话机上。要打电话得排队，排多久，取决于两个因素：一是讲电话的同学卡里还有多少话费，二是你前面有多少人。

记得特别清楚，刚入学不久，就临近中秋。几部电话机前一到晚上便排起长龙：从五号楼绕个弯到二食堂。那是一次次没有手机，没有微信，没有抖音，没有 B 站，没有王者荣耀，没有……只有"货真价实"的等待，等待着听到远方的声音。

于是，装电话便成为一种迫切的需要。后来，宿舍有了电话。

一时间，流传最广、实施频度最高没有之一的恶作剧过程如下：拿起话机，随便挑个宿舍打过去："喂，同学，您好！我们是昌平电信局的。""哦，您好！您好！""近期给大家新装了电话，为了保证电话功能正常，请您配合我们测试一下可以吗？""哦，好的！好的！""请您现在从 1 依次按到 9。"一通刺耳的按键音之后："是这样吗？我们的电话没什么问题吧？""嗯，谢谢配合！电话没什么问题，不过好像您的智商有点儿问题……"随后，挂上电话，全宿舍人笑作一团。

因为通讯不发达，所以那时候还有一种让人激动的联系方式：写信！现在的师弟师妹们还会不会通过这种"原始"的方式进行联系？家人、昔日的同学，彼此小心翼翼，字斟句酌，给对方描述新近发生的事情，讲述自己的学习和生活。我现在依然保存着不少当时同学的来信。当我回想起这些信件，却怎么也想不起它们是如何到达我手中的。电话联系了班长邱瑜，原来是曾作为生活委员的她和张扬分别负责分发男女同学的信件。给所有的生活委员们再道句感谢！

当然，还有一种和在北京的同学通联的方式就是拜访。出学校南门，想有座位的，左拐去东关始发站，不介意站着的右拐去阳光商厦，坐上345路公交车，去往市区，或者叫"进城"。据说，学校的"345诗社"即来源于此，因为这是当时唯一一路通往昌平外的公交。如果你至今对马甸桥下的拥挤长龙心有余悸，对车到沙河可以坐下的轻松留有印象，估计我们是同时期的法大人。

海　报

正是因为不那么充裕、便利的物质生活，催生出很多同学们之间联系、交流的活动。比如种类纷繁、领域众多的学生社团，比如各种讲座，比如联谊。而这所有的所有，都离不开一种媒介——海报。

海报最为招展的时刻，首当每年9月迎新之时。主楼门前的小道上，人头攒动，各个社团的师兄师姐们全部出动，推介各自的宗旨和活动，可以说，社团招新是每年法大的一件盛事。当然，这个场景法大人可以自行脑补，无需图片。

我也不能免俗，加入了法学会。据法大迎新网的消息，这个社团好像已经不存在了。那时的伙伴有王芳、老戎、黄海、曲锐、李冉、肖敏、王洋、家琛、苏毅……大家在一起，琢磨着办各种各样的活动。而我和曲锐则负责给这些活动写文案、画海报。

还记得请张建伟老师做"法制电影展评"系列活动,由张老师提供电影,把电影里涉及的法学问题提炼出来,我们组织大家观影,并请张老师进行点评,有时候也会有提问和讨论。活动之火热超出了我们的预期,教室挤满了还是有同学要进。

活动火了,海报更多。因为都没什么正儿八经的美术功底,就着杂志画海报,常常返工,于是我们就成了主楼地下室社团活动室的常客,主要工作就是加班加点浪费颜料。

就这效率,海报画好了,问题又来了:贴哪儿啊?可以吸引大家眼球的,就是在二号楼门前,一食堂对面可以摆放贴海报的板子,再然后就是北门外九号楼进门的地儿可以。就我们这"二把刀"的效率,等到我们拎着海报和浆糊出去的时候,好的地块早让别的社团给占了——法大的社团活动,那是相当精彩和丰富的。只好逐一认真阅读已经占位的海报,终于逮到一张,已经贴出来有两天的,不管了,刷上浆糊,贴上走人!

后来因为学校的需要,将法学会划归法律系学生会。我们几个又加入了知行社,继续我们的活动。2001年9月6日,我在日记中写道:"我深爱着法学会,不因为她叫什么,而是因为大家真心凝聚成一团,为共同的兴趣和目标而努力的过程;是因为社团里民主而充满人文关怀的氛围;是因为彼此间平等协作的感受。我们是累,我们愿意!"

大学毕业后,我先后在人民法庭、县法院、市中级法院工作,现在想来,我有相当长一段时间在从事法院宣传工作,可能或多或少和这段社团的经历有关;能够不错地融入新的工作环境,并在新的工作岗位上尽己所能努力工作,肯定和这段社团的经历有关。

网 络

网络，这个名词，对现在的家长而言，更多是担心甚至是梦魇。无论你喜欢与否，无论你在里面干什么，这是"80后"法大学生绕不过去的一个话题。

大一，整层楼也没有几台电脑。记得最早是班级里要做班刊，就那种最简单的 Word 排版，两栏对开，然后把文字敲进去，配上 Word 自带的"创意图形"。用现在的眼光看来，就一个字：土！可是，那个时候，没有扫描仪，没有数码相机，没有压感笔，也没有网——你没看错，没有网！即便后来装了电话，我们也只能用 256K 的"猫"拨号上网，在那个打电话都贼贵的年代，自己一台电脑单独上网，是很"壕"的。

所以，我们选择去东门。不夸张地说，2000 年左右，东门外的网吧至少有 100 家吧？那个时候会用很夸张的大字宣称 ADSL 高速上网。然而实情是，当你需要一首歌，一定不能选 MP3 格式，因为那东西体积庞大到 3M，甚至更大！你得等上半个钟头才能下载完毕，而且，就算下载完毕了，你也带不出来，因为 U 盘还没普及，即使有也不是插上就能用！一张软盘只有 1.44M，所以要么你就多带几张软盘，还得会点儿切割文件的小技巧。否则，就算你在网吧里下载到了自己想要的东西，也只能干瞪眼。那个时候做梦都想着，要是能有高速的网络，要是能随时随地获取想要的资料就好了！

计算机课上，帅气的姜振宇老师让大家叫他"小姜老师"，他跟我们讲他们中国人民大学的同学怎么改 MUD，开启了我最早关于网络应用的想象。当我们的小姜老师出现在综艺节目上的时候,我和女儿讲,这是爸爸的计算机老师,女儿很认真地和我说了俩字:吹牛。

2003年,"非典"之前,学校全面开通了校园网,终于可以通过LAN的方式和各大高校通畅地互相访问。那个时候,印象里谷歌还在中国,百度非常孱弱。第一次,我们在自己的校内网上做了一个很小的白板,有且仅有一个功能:留言。白底黑字地留下自己的IP,以及自己希望寻找的资料。然后会有热心的同学在下面回复你,告知下载地址。终于开始体验像样的"网络"了。

然而福利还没享受几天,8月就大规模地爆发了"冲击波"病毒,绝大部分同学的电脑一两分钟就重启。我们拿个白板征召义工,大家带上工具,全校帮忙打补丁。那时候大家都想着要是能有一个批量的工具,把所有的电脑都能管起来多好!

十几年以后,当我主管全市法院的信息化建设,当我用相对技术的思维去思考工作中的效率问题,不免要感谢在军都山下四年"原始"的网络经历,在那些折腾的过程中,让我逐渐感受到技术进步对社会的全面改变。无论我在什么样的工作岗位上,这些思考和折腾对我的影响一直会继续下去。

"四年四度军都春,一生一世法大人",原来这不是一句口号。当我忙碌于每日琐碎的工作时,已经模糊了曾经在法大的诸多细节,回首捡拾,原来母校曾如此宽容、丰厚地滋养我"不务正业、野蛮生长"。法大的乳汁已浸入我们的生命,未来,无论我们如何普通,有这份滋养在,定会继续笃定精神、踏实前行。

邂逅太子港[*]

——忆海地维和

林四松

图 1

看到这些英姿飒爽的照片，你会不会有种瞬间荷尔蒙爆棚的感觉，想当然地认为当一名维和警察是件很炫酷的事？

---

[*] 作者：林四松，中国政法大学经济法系 1998 级校友，现任北京市公安局西城分局厂桥派出所所长，先后荣立个人一等功 1 次、个人二等功 2 次、个人三等功 5 次，曾荣获第六届北京市政法系统"人民满意政法干警"、北京市公安机关先进个人、北京市公安局"优秀共产党员"等称号。2011 年 11 月至 2012 年 11 月作为中国第九支赴海地维和警队队员之一，圆满完成维和任务，被联合国授予"和平勋章"，被公安部授予"维和勋章"。

邂逅太子港

图 2

看到这些照片，你会不会觉得有种天堂和地狱的落差？这不是虚构的世界，它真实地存在于加勒比岛国——海地，一个遥远而神秘的国度。

感悟一：人这一辈子，还是要有梦想，万一实现了呢

2002年7月我从中国政法大学毕业，离开了陪伴四年的军都山，来到了皇城根脚下、什刹海畔的厂桥派出所，扎根在胡同街巷里，当起了"名不见经传"的胡同片警，一干就是八年。大学同学有从政的当上了大干部，干律师的已经风生水起了，从商的也挣得盆满钵满，也陆续听说了有跳槽的。而我却仍然默默无闻地干着我的本职，心无旁骛，心如止水，就认定一条"把平凡的工作干好

就是不平凡"。2011年,一次极偶然的机会,市局要从全局选拔民警组建中国第九支赴海地维和警队。"联合国""维和""蓝盔"等一系列高端大气的词汇在我的脑海中闪过,我能行吗?(一个声音在耳边响起)当回维和警察挺不错的,挺难得的!

  抱着试试看的心理,我参加了北京市公安局的选拔考试,最终从符合报名资格的180余名初选者中,通过英语口试、笔试、特种驾驶和射击科目的考试,顺利入围35名集训大名单。2011年5月份开始,我们一行35人赴廊坊维和警察培训基地进行为期两个月的封闭集训。对我来说,那又是一次脱胎换骨的经历。初到培训基地,我们35人中,有二次维和经历的前辈,有来自出入境系统的干将,像我这样来自基层派出所的,就2人。按英语等级水平我们被划分成两个学习班,类似于当前中学推行的分层次教学模式。来到培训基地,大家的目标是一致的,就是分别代表各自原单位,都想争口气,为原单位争光,顺利通过联合国甄选考试。而我心里根本就没底,就像刚到培训基地后参加第一次英语听力测试一样,10多分钟听力材料下来,根本就是云里雾里,不知道说的是什么,还要硬着头皮把听力材料内容写下来,结果是驴唇不对马嘴,闹出了不少大笑话。既来之,则安之,拿出破釜沉舟之势,我跟当年参加高考一样,每天晚上11点多睡觉,早上5点起床,每天满脑子都是英语,当然也少不了同宿舍的晏SIR,时不时地在一旁点拨我,潜移默化下实力见长,针对难度稍大的听力材料也能说出个子丑寅卯来了,情景对话也能"吧拉吧拉"应付了。经过两个月的封闭集训后,紧接着就是静候联合国甄选考试。10月初,我们回到廊坊培训基地参加甄选考试。考官来自法国,一副铁面无私的样子。甄选考试实行当场淘汰制,场面相当残酷激烈,大家都集中在阶梯教室里备考,先是考英语听、说、读、写四个科目，每个科目考完后大家都回到阶梯教室静候"宣判"，考官判卷后回到阶梯教室，凡是被考官念到名字的，即是被淘汰人员，需当场离开备考教室。经过一整天的语言科目测试，我们训练营里很多兄弟被PASS掉了，回想这几个月来一起奋斗的点点滴滴，大家不禁潸然泪下，一方面舍不得同伴被淘汰，另一方面也对接下来的考试"压力山大"。第二天考的是特种驾驶和射击，本以为能顺利通过的两项测试，又有兄弟被淘汰了，最终顺利通过甄选考试的只剩下了16人，相当残酷。11月初，我们一行16人踏上了奔赴海地的征程。

感悟二：哪有什么岁月静好，是因为有人在负重前行

先后转机洛杉矶、佛罗里达，经历长达二十余小时，终于到达海地首都太子港。"太子港"，顾名思义，多么高端大气的地名，但一下飞机那一刻，扑面而来的是简陋的机场和高温，我们换上新装备，我国驻海地商代处领导和第八支维和警队队长在机场迎接我们，简单的欢迎仪式之后，"巴铁"巴基斯坦防暴队盛情邀请我们一行16人到他们的营地用午餐，人困马乏之际，已经顾不得那么多了，在苍蝇飞舞的小食堂，清真午餐瞬间成了我们的"美味"，虽然辨别不出都是什么原材料制成的，但还是感谢"巴铁"兄弟们的盛情款待。然后我们就被临时安置在租用来的两处民房。停电、缺水、蚊子、高温，是海地最初给我们留下的最深刻的印象。

到海地任务区后，先是到总部履行报到手续，然后接受为期一周的业务培训，类似于新警培训，有来自世界各地的警察，培训结束时联海团总部人事部门过来面试，综合面试情况再进行岗位分配，接下来就是等候分配，内心是惴惴不安的。在等候分配期间，我们也不能闲着，被临时分组，执行不同的工作任务，我和另外一个兄弟被分配到联海团总部大门执行警卫任务，一起执行任务的还有也门的民事警察和巴基斯坦防暴队。

图 3　警队全体队员到原联海团总部遗址，瞻仰追思八位维和英烈

感悟三：生活要懂得知足和感恩。人生不如意之事十有八九，你所不在意的恰恰是别人可望而不可即的幸福

两个星期之后，分配任务下来了，我们 16 个人被划分为 5 组，分配到不同岗位，有在联海团总部工作的，有在太子港难民营工作的，我和出入境总队的兄弟被分配到了中央高原 HINCH，据说那是海地唯一还没有通电的行政区，当时心中有种不祥的预

感，但是既来之，则安之。第二天，一个加拿大的老大哥开着一辆尼桑越野车就过来帮我搬家了，看着装满一整车的行李，加拿大同事惊讶地问我："My friend, do you take your family?"我半开玩笑地跟他说："Military forces have not moved and the forge has started already。"（兵马未动，粮草先行。）我们中午离开的太子港，驱车走的所谓的"国道"，在山间盘绕，一路上是热带风光，因为和我分配在一起的同事，要过几天才能过来，我属于打头阵，心中充满了好奇和些许不安。驱车100多公里，都是山路，到了地区总部后，先是跟地区长官报到，然后地区总部负责内勤的同事是马里的，很热情，给我介绍了一些基本情况，因为要租民房，所以他为我介绍了两处民房，并实地带着我察看了一下，等看完第二处民房时，已经天黑了。头天晚上，我只能在地区总部的办公室将就一晚。紧接着，没有过渡，直接投入日常警务工作，居住的是租用的当地民房，一日三餐靠自己动手，做什么吃什么，其实也没什么吃的，在当地能买到的蔬菜除了土豆，就是卷心菜，还有西红柿，那绝对的是绿色食品，无污染，因为满眼看去，都是虫眼，土豆、西红柿和卷心菜无一例外"体无完肤"，以至于从国内带过去的压缩木耳和方便面、火腿肠都成了美味佳肴。其实，这都不叫事儿，最最难熬的其实就两样：缺电和大清花蚊子。当地还没有通电，回到住处只能靠在办公室充完电的应急灯照明，或者是蜡烛，仿佛一下子回到了解放前；大清花蚊子，黑压压的，即使涂上了厚厚的防蚊膏，还使劲地往身上叮，一叮一个大包。当然，这一切的一切，吓不倒我们，我们迅速调整状态投入了实战工作。

图4　左图是我们的"全家福",分别来自美国、加拿大、科特迪瓦、马里、斯里兰卡、布隆迪、卢旺达等国家;右图是地区总部每周召开例会

图5　贫穷丝毫影响不了他们对生活的乐趣,没有电视、没有游戏机、没有iPhone和iPad,依然有快乐的童年

图6　我们日常外出巡逻经常碰见这些小家伙,每逢我们停靠休整间隙,他们就会黏过来,我们随身携带的干粮或糖果,成为他们意外的惊喜

图7 装备不是问题，球场不是问题，即使是"开了帮"的球鞋和满是坑洼的球场，照样能踢出精彩的球赛，这或许才是足球的真谛

图8 相比于国内日新月异的高铁、高架桥、高速公路，海地的基础设施相当落后，一座援建的铁索桥让当地居民狂喜不已，举办了盛大的开通仪式，当地居民在仪式上载歌载舞

图9 再穷不能穷教育，在联合国的援助下，当地一座新校舍正在拔地而起

感悟四：珍惜拥有，不是这个世界很和平，是因为你生活在一个和平的国度

维和警察的日常工作内容很多，外出巡逻、维护治安、群体性事件处置、抓捕嫌疑人、应急处突、安全警卫、督导检查、服务当地居民，等等。因为海地属于法属殖民地，当地人讲克里奥语，即法语的变种，所以每次外出执行任务，我们都要带上当地语言翻译，便于沟通交流。一年维和经历下来，给我最大的感受就是：身为一名中国人，我感到无比的骄傲和自豪，安全和稳定就是最大的幸福，也让我深切地体验到了"世界之乱"和"中国之治"。

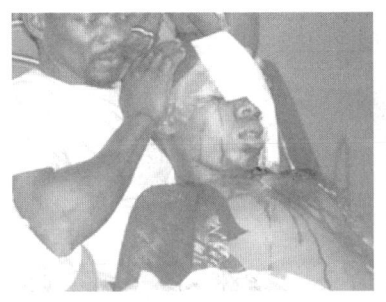

图 10　快速出警，救助一名被枪击伤的受害者，同时将嫌疑人抓获，并起获自制土枪一把

图 11　协助当地警方押解一名涉嫌故意杀人的嫌疑人途中，被嫌疑人的亲属设路障堵截，欲抢走嫌疑人，我们紧急请求乌拉圭维和部队救援

图 12　当地居民不满地方法院判决，搞示威活动，肆意破坏法庭，劫持过往车辆，并利用劫持车辆堵塞道路，我们和印度防暴队、乌拉圭维和部队一起前往营救处置

图 13　受托组织当地警方招录新警考试，并参与监考工作。图为地方警局最高长官到考场巡视

图 14　某部落发生骚乱，与马里籍同事、印度防暴队和当地官员一起赶赴处置

图 15　与加拿大、卢旺达同事，到地区下属的警署检查督导工作及在押人员人权保障相关情况

图16 与印度防暴队一起指导协助当地警方开展球场赛事安保工作。期间，球迷冲入球场滋事，当地警方开枪示警，流弹击伤现场球迷脚部

图17 参与海地总统到地区视察安保工作

图18 左图为与加拿大同事到集市巡逻间隙；右图为协助当地法官取证

图 19 糟糕的路况，再结实的尼桑越野车也有马失前蹄的时候。执行任务途中，车辆左前轮突然脱落，将一途经的当地居民撞伤，遭遇"惊魂一刻"

感悟五：凯旋，在践行"中国梦"的道路上继续前行，不忘初心，牢记使命，永作党和人民的忠诚卫士

党的十八大召开前夕，我们圆满顺利地结束了为期一年的维和任务，执行任务期间，我曾被当地骚乱暴徒设伏袭击受伤，也曾感染登革热，高烧三十九度十余天不退烧，硬生生地扛了过来，也算是经历过生与死的考验。我们的过硬作风和专业素养得到了国际警界同仁和联海团总部的一致认可。全体警队队员被联合国授予"和平勋章"，并在联海团总部举行了盛大的授勋仪式，联海团总部官员和我国驻海地商代处代表出席仪式并为我们授勋。

图 20 凯旋

法大基层校友张冠楠：在南疆促进民族团结[*]

阿孜古丽·艾尼玩尔

张冠楠，2005 年考入中国政法大学法律硕士学院，2008 年毕业后进入了北京市大兴区人民法院，成为一名人民法官，系北京市第九批援疆干部之一。

惠民生，舍小家为大家

2016 年末接到组织的援疆任务时，张冠楠还是有一定的心理负担的。因为孩子小，父亲和岳父去世得早，母亲和岳母年龄大了，腿脚都不好。自己一走三年，家里家外都要妻子一个人来打理，负担真不小。不过，好在妻子深明大义，非常支持他援疆。就这样，张冠楠在妻子的支持下来到了新疆和田，成为和田县人民法院的一名政法干警。

一来到和田，他一如既往老实做人踏实做事，带着感情去开展群众工作，带着责任去办理案件，不辜负人民的期许，不辜负组织的期望，以无愧于时代的责任心，力争做好每一件事。

---

[*] 作者：阿孜古丽·艾尼玩尔，中国政法大学国际法学院 2017 级本科生。

访民情，知基层百态

和田虽然偏远，虽然艰苦，但声名之响亮罕有匹敌。且不说闻名中外的和田玉，就是毛主席赋诗——"一唱雄鸡天下白，万方乐奏有于阗"就早已让和田名扬四方。和田县人民法院与全国其他地方的人民法院一样，也都在努力开展审执工作。但除此之外，和田县人民法院还要开展群众工作，还有"访惠聚"任务，还有很多的扶贫攻坚任务。

通过开展群众工作，张冠楠深入地了解了和田县老百姓的民风民情。他亲身体验到当地老百姓的生活之艰苦。张冠楠去了和田以后就经常教育家人要勤俭节约，要知足，要有爱心。

他把和田人民当做自己的亲人看待。2019年8月，他的妻子带他们的女儿去和田探望张冠楠的时候，还专门与丈夫张冠楠一起去看望了他们的和田维吾尔族亲戚们。他们希望通过自己的付出能让和田的亲戚们生活得越来越好，希望和田的维吾尔族老百姓能够好好学习汉语，希望孩子们能够好好读书，通过读书改变自己的命运，希望各族人民像石榴籽一样紧紧抱在一起。他的妻子还在朋友圈发起了动员，号召自己在内地的亲朋好友们将闲置的用品、衣物邮寄给和田的亲戚们。他的妻子不仅支持他离开北京的小家去国家最需要的地方工作，作出"舍小家，为大家"的决定，自己辛苦在家照顾和教育孩子，更是协助他做一些力所能及的事去帮助和田的亲戚们。

聚民心，为民谋发展

张冠楠在驻村住户的时候，利用空闲时间给初中生、小学生讲授汉语，他发现许多孩子营养不良、发育迟缓。为此，他不厌其烦地强调孩子们每天至少要吃一个鸡蛋。他在给孩子们的父母上农牧民夜校的时候，从汉语拼音讲起，从良好的日常生活习惯讲起。

张冠楠觉得基层工作虽然不容易，因为基层处理的都是关系到老百姓切身利益的事情，处理恰当了才能让老百姓感受到法治的公平正义，但他坚信付出辛勤的汗水之后总是会有收获的，这收获也许是得到人民群众的尊重和感恩；有时，甚至一瓶水都会让你心中产生感动。他回想起自己曾经的一个当事人，每次想起来他都会感到心里暖暖的，都会坚定他的法治理想——一位45岁丧偶女性带着两个孩子与公公婆婆对簿公堂，经过张冠楠苦口婆心地劝解，既讲情理，也讲法理，终于让双方言归于好，不仅彻底解决了纠纷，还化解了双方内心的心结。这一家人当时就很感谢张冠楠，后来一次偶然的机会，张冠楠发现她在中石化的加油站工作，他记得自己在她工作的地方加过两三次油，她每次都在张冠楠来加油时给他一瓶水。这一小小的举动让张冠楠觉得自己之前做的工作获得了老百姓发自内心的认可，这让他深受鼓舞。尽管只是一瓶水，但这简简单单的一瓶水却包含着老百姓对张冠楠的认可与尊重。这让张冠楠更加坚定要踏踏实实地为老百姓着想，金杯银杯不如老百姓的口碑。他还说，连习总书记都说自己是人民的勤务员，其他人还有什么理由不这么做呢？

承师训，崇高爱国心

张冠楠告诫法大的师弟师妹们，要珍惜在法大求学的机会，多读书，读好书，不仅要读经典的法学著作，还要阅读哲学、社会学、史学、文学书籍。

他还强调要坚持锻炼身体。他幽默风趣地说，自己已经近四十岁了还想为祖国再健康工作三十年呢！要想完成这个任务还是挺不容易的。

张冠楠认为，走向工作岗位后，哪怕你进入的单位是多么令人向往，你每天所做的工作都是琐碎的、细小的，不可能每天都聚焦在镁光灯下，尤其是对于法大的学生来说要甘于默默无闻，甘于奉献。

法大有许多大师级的师长，他们的谆谆教诲，他们的言传身教，对法大人日后的工作影响很大。张冠楠说，尽管师长们许多鞭策、警醒大家的原话都不记得了，但是话语背后蕴含的精神力量已经融入我们的血脉，是我们法大人一生的财富、一生的精神食粮。

张冠楠记得曾经方流芳老师教导大家要堂堂正正做人，他在和田也经常说"四四方方中国字，堂堂正正中国人"。他记得讲解西方文明通论的丛日云教授在毕业致辞上说："我们关注你们的成功，关注你们的幸福，更关注你们是否走在正路上。"这铿锵有力的话语时不时地萦绕在他的耳旁，提醒他要对法治心存敬畏，知戒惧、存敬畏、守底线。他记得丛日云老师在讲课的时候说过，"世界上每个人都是独一无二的，你在世界上的价值就在于你的与众不同，所以每个人首要的选择是应该成为你自己，要选择成为自己就意味着要不断超越自己，不断反思自己，为自己树立至高的标准，追求至高的境界"。张冠楠将这些话铭记于心，时时提醒他在日后的工作中坚持走正路、坚定法治理想。

张冠楠感谢法大教给他基础的法学知识，带领他走上了实践法学的道路。他尤其强调，法大莘莘学子要在生命的最后一刻能问心无愧地以"我唯一的遗憾就是没有第二次生命献给我的祖国"总结自己的一生,他建议法大的师弟师妹们要树立这种崇高的爱国主义精神,要一心向党,要热爱我们伟大的祖国,努力把我们的祖国建设得更加美好!他鞭策同学们要努力做到"为天地立心,为生民立命,为往圣继学,为万世开太平"!

政法记忆[*]

郭思露

2006 年到 2011 年间，几乎每个周四的中午，12 点刚过我就会跑到服务楼旁的报刊亭门口，加入已排了三四个人的队伍。

当时，那个留着短发在冷风中瑟瑟发抖排着队的我怎么也不会想到，几年后我会在报社供职超过六年，成为资深记者，带着新闻理想周游世界。

但我知道，在报纸运到时和其他同学一起蜂拥而上，闻着报纸散发出的油墨香气一口气读完头版长长稿件时那种酣畅淋漓的感觉，是一切故事的开端。

是的，法大是军都山下每一个学生事业、梦想和人生故事的开端。无论你在毕业多年以后，是身为官员、律师、学者、商人抑或家庭主妇……这件事情本身就已足够美妙。

2019 年，距离我初入法大已过去整整 13 年。工作和家庭琐事缠身，上一次回到学校也已是五年前的事情了。

感谢时光的洗涤，现在我记忆中的母校恰恰是最"合适"的样子——从那里吸收到的思维方式正最大化地应用在日常工作中，在那里结识并至今保持联络的师长与好友亦成为此生的财富。连那些不那么美好的回忆，也已成为值得正视、不时还能拿

---

[*] 作者：郭思露，中国政法大学 2006 级校友，原法大记者团成员。

出来玩味的珍藏。

人类大脑的筛选机制成熟却令人费解。我早已忘记某一门重要课程的知识点，却记得在一门选修课最后老师开出长长书单上的每一本书。我早就忘了自己的GPA，却记得图书馆一楼自习室前午后阳光最浓烈时梧桐树叶漏下的形状。

2006年，中国政法大学作为少数按照各省人口比例招生的高校，受到北京之外学子的推崇。2006年9月我正式入学，在法大度过了五年的真实岁月。

之所以用"真实"这个词，是因为此前学生们的生活大多太简单、目的性也太强，为了高考让渡的关注路边小花和生活本身的机会，在大学期间得到了充分满足。因此，塑造人格和价值观，大学是不可回避的一环。

深藏在脑海中的各式记忆汹涌而出。正月里，男孩们花五块钱买双白色的工程手套，在黑兮兮的清晨扒开宿舍窗口的积雪，翻墙占座；考试季，我每天五点钟起床，在雪地中边走边背单词，因为太冷才不会瞌睡；那个时候没有以"梅兰竹菊"命名的宿舍楼，没有以"厚德、明法、格物、致公"命名的教学楼，只有毫不浪漫的1、2、3、4、5，A、B、C、D、E；没有"法大"，因为我们都自称"政法"。

对母校的感情是真挚的。毕业离校的那一天，我到一食堂一楼想吃上"最后"一碗牛肉面，无奈打面的姐姐已经下班，坐在离开的车上因为一碗牛肉面心酸得几乎哭出了声……

我相信，无论承认与否，每个法大毕业生身上都带着这所学校的印记。大学生活里的几个闪烁的瞬间和其余一千多个普通日子里的所见、所思、所学、所想一道，构成了你今后人生的基座。

所以，我们叫自己"法大人"。

在2019年这个特别的年份，以一名普通"法大人"的身份回忆自己的母校，我想有几个关键词或可与诸位分享。

批判性思维

初入法大的学生们大多亦步亦趋、小心翼翼，"乖孩子"占了多数。但一旦进入法大课堂，就又是另一番光景。刚入学时，我曾很不理解，老师们在法大课堂上的规定动作——"批评"。

批评某一项政策法规的设计，批评某个知名案子的判决书，甚至批评九号楼外卖鸡蛋灌饼和炒饼的价格设计……初时我将其定性为老师的不得志或是"愤世嫉俗"，但后来我发现，"批评"最凶的反而正是那些德高望重的老教授们。

四年后，当我一个从小顶着"好学生"光环的乖学生，成长为能够独立判断、理性陈述自己观点的准毕业生时，才明白老师们的"批评"，正是为了在潜移默化中培养学生批判性思考的能力，回望过去几年的职业生涯，我发现这种能力使我获益良多。

权力与权利

进入法大第一个学期，几乎每个老师都会讲到的一个问题，就是分清"权力"与"权利"，一字之差，但意义完全不同，深刻理解这种区别对于一个法学生来说至关重要。四年里我们的任务就是学习如何用法律、制度将前者关进笼子里，同时用法律和制度保障后者得到切实保护。

我的权利意识，就是在法大养成的。限制、监督权力和保障权利，体现在法大生活的点点滴滴。记得《政府信息公开条例》刚刚出台时，老师布置的作业之一，就是找到自己感兴趣的部分，运用这一条例要求某地政府依法公开。

和权利意识一同养成的，还有风险意识。做一件事情之前，明确的风险点在哪里，是否有方式能够规避，风险和收益的投入产出比是否合理……都说法学生是最理性的动物，但我认为将之形容为最聪明的动物更为合适。

现在看来，我之所以能够成为一名记者，离不开法大的培养。

要读书

大二之后直到毕业，每年9月，我都会接待刚入学的学生和家长，谓之"迎新"。其中有一位名叫王菊花（化名）的师妹一家令我印象深刻，她个子不高，皮肤黝黑，话很少，我之所以对她印象深刻，是因为她的父亲是背着扁担来送她上学的。

一路上，注册缴费，她走的都是"绿色通道"——那是专门针对家境困难学生的政策。五年之后我毕业时，听说她考上了研究生。又过了几年再回到学校时，她已经是法哲学博士。现在，她在地方一所高校做老师，锅盖头变成了长发，她说自己已将全家人接到现在的城市，过得很好。法大给了无数出身偏远山村的孩子一个公平的起点。大学里我最好的朋友中就有家庭困难的学生，他们都已在北京落户扎根，有了满意的生活和自己的小家。

在法大，大学依然是最好的机会，让不同背景的学生同在一个屋檐下学习、生活。法大的"占座"风气，在京城高校中闻名遐迩就是例证，我想每个学生在清晨和深夜，背着沉沉的书包走在路上时，内心都是充满希望的。

　　怀念母校，已成为一种情怀，因为它能让你记得你从哪里来，又是如何走到今天。

　　感谢法大。

三载博闻一世缘*

——忆我的法大学生会岁月

张航玮

白驹过隙,从 2008 年 9 月正式成为法大学子一员,已经将近十一年。而我,也从十八岁的青葱少年即将而立。若问在这将近三十年中,我有什么最不遗憾的事,那么,无需考虑,必定是我对法大和法大对我的选择。

在这里,我得到了各位老师深厚的知识滋养,见识了法学家的学术底蕴和人格魅力,结识了众多志同道合的至交好友,感受到了知己的温暖与鼓励,更重要的是,明确了"厚德、明法、格物、致公"的信念,坚定了"挥法律之利剑,持正义之天平,除人间之邪恶,守政法之圣洁,积人文之底蕴,昌法治之文明"的人生理想。

2019 年正值法大恢复招生 40 周年,法大在这凤凰涅槃的 40 载中,筚路蓝缕、不忘初心,留下了太多太多的故事与回忆。于我个人而言,法大四年,学业之外,最难忘的便是在校学生会任职的三年。

2008 年 9 月,当我首次在校园里看到内事部的招新展示,

---

* 作者:张航玮,中国政法大学 2008 级校友。

"内外兼修、事无巨细"的理念,邀请曾任外交部部长的李肇星,以及奥运冠军杨威、杨云参加活动的出色成绩,我的内心充满了无限憧憬。幸运的是,我在激烈的竞争中有幸成为内事一员,并在 9 月 24 日那一天开启了此后三年乃至永远的缘分。

第一年,四位个性鲜明的部长带我们见识了什么是团体的温暖和爱,什么是优秀的学生工作。集学霸、奥运志愿者、嘉宾邀请人于一身的建伟师兄,温柔、有爱而内心坚强的思齐师姐,谦和而平易近人的篮球主力一帆师兄,大气干练的女强人榕池师姐。

建伟师兄的"准时就是提前",让我对初入大学的怠惰倍感羞愧,从此始终守时守约,把"早"做成习惯;红哲师兄的"上课就要坐到第一排",让我反思自己学业和工作中的得过且过,坚持课堂前排,学会在课堂上表达自己……

在不断搜寻、联络论坛嘉宾的过程中,不论外交高官、商业精英,乃至艺术大家,他们对法大邀请的尊敬,让我油然而生一种自豪感,同时也坚定了我为母校、为同学争取每场高质量论坛的决心。也是在那时,历经半年的沟通与努力,我成功地邀请到成思危先生做客博闻论坛,成为我大一最完美的回忆与最宝贵的生日礼物。

在一帆师兄的指导下,从嘉宾行程、时间的精确到分,到场地、布置细节的反复检查,以及嘉宾人生经历的详细了解,欢迎词的字斟句酌,都是为了营造一种让嘉宾得到充分尊敬和宾至如归的氛围。也是从那时候开始,"细心"成为至今他人对我的第一标签。

第二年,感谢前任部长与同事们的信任,我成为内事部长之一,与四位同事开启了崭新的一年。我们不仅面临着继续保持将博闻论坛做好做强的工作压力，也要靠自己探索如何凝聚师弟师妹、打造一个更加有战斗力的队伍。金晨、元乔、捷瑞、刘瑾四位部长，在我脚骨断裂时承担了所有工作，但是却会不论多晚都来和我讲当天的迎新进展、共同商量第二天的工作。诚然，我是一个急躁、固执的部长，大家虽会一时气愤，会因为选择用人而争执，也会因为不同理念而碰撞，但是最终都会给予彼此充分的包容与理解，坚持着团队的和谐，学生活动中心有我们不断交流的回忆，礼堂里有我们不懈工作的身影，宪法大道我们共同走过最多……每次的学生会活动，郑老师都不顾腿脚不便，一直陪伴我们到活动结束、收拾完毕的深夜，再独自步履蹒跚地离开。他也会耐心地给予我工作上的建议，比如根据不同热点时期、前期嘉宾领域、师生需求等各个方面来具体分析每次去努力争取的不同嘉宾。或者正是从那个时候开始，身边的榜样让我学会把对工作的责任心放在了最高的位置。

那一年，与易中天老师持续一年的联系终于有了成果——成功邀请他成为嘉宾。而在迎接易中天老师来法大时才知道，先生在当日下午五点刚参加完前一场活动，稍事休息，即乘车前往法大，马不停蹄为法大贡献了一场精彩绝伦的讲座。我想，大师之所以为大师，之所以为万千人所推崇，不仅在于其高超的学术成就与演讲思辨能力，也在于他对他人的尊重和努力做好每次活动的严谨吧。

第三年，从未想到我能从一帆师兄手中接过接力棒，成为分管内事部的副主席。我记得郑老师是在下午向我们宣布任命的，但是直到深夜，我一直失眠：兴奋是有的，能够在内事部再多一年的生活是万分难得和荣幸的；压力和责任也是更多的，内事部正处于高速成长的黄金时期，我怀疑自己是否能够保持内事部的良好作风和博闻论坛的持续高质。

也是在这一年,一帆师兄经常放弃恋爱时间和复习时间,了解我的动态我的理念,甚至经常晚上从市区跑来找我谈话,建议我如何配合好老师、如何带好部长们、如何和主席团形成一股坚强合力;学生会主席元乔不时给予我工作上的支持,并默默充当我和部长们的润滑剂,在我们有矛盾、有争执的时候,及时地出现,和我们共同讨论嘉宾邀请工作和部门凝聚力建设;辅导员管老师总在我彷徨迷茫、缺乏信心接受新挑战的时候,倾听我的困惑、我的犹豫,与我谈心,甚至比我自己还清楚地记得我在学生会的每一次嘉宾邀请和晚会活动,也帮助我分析要学会成为师兄、成为前辈、成为朋友,去适应学生会副主席的角色,勇于经受一次全面的工作考验……凡此种种,虽然三年来我在学习上不甚出色,却在同学、师长的帮助下,把内事部当作事业始终如一地做了下来,不敢说完美无瑕,但也是尽了最大的努力。

第三年,经过马拉松式的邀请,于丹老师最终应邀来校,想起两年多的持续联系,甚至跑到北京师范大学的课堂上站着旁听了一上午于丹老师的课,就为了在课间送上邀请函以及亲口讲述对于丹老师的真诚期待,一路辛苦一路收获,让我知道了"精诚所至,金石为开"的意义。这次成功的博闻论坛,也是给自己和在内事部的三年画上了一个圆满的句号。

整整三年,几乎每次博闻论坛都是一票难求,队伍总要一大早绕上几圈。尽管我是学生会部长、副主席,我的三位室友却从未开口向我问过"内部票"问题,他们看到了我对于工作的热爱,也了解我对于原则的坚持和不妥协。自始至终,他们参加的每次活动,无论寒暑,都要自己在长长的队伍中排票,每次看到他们远远招手,手里还提着帮我留的午饭,内心总是充满了家人一样的感动与感恩。也许，这也是法大人的一种精神吧，尊重原则、充分信任、心怀大爱。假如时间可以倒流，我想，我一定会亲自去排几次队，帮他们把票排出来。

到了毕业时，我也未曾预料会一直被内事部的师弟师妹记得，竟然在毕业晚会得到了全班最多的鲜花，收到了最多的祝福。在收到鲜花的时候，内心先是无限的喜悦和骄傲，接着也是对内事人这个情感纽带的更深感悟，对这个集体大家庭的依依不舍和深深谢意。感谢这三年的经历，带给我大学期间最多的情感、经验和收获。

一直以来，不论是内事还是母校，都已经成为一种精神烙印在我的心里，始终伴随着我。每一次工作考核的优秀，我都会想起努力去做好博闻论坛与各个晚会的日夜；每一次人生中的挫折，我都会想起邀请嘉宾时无数次的碰壁；至于大灾来临时，也是法大人致公而胸怀天下的精神、内事部舍我为人的责任心，影响着我第一选择是去尽责尽职，是去帮助而不是退缩……

内心最大的愿望，一直是希冀有一天可以对法大、对内事部说，像你一样，我为你骄傲，正如我是你的骄傲。不论身处江湖多远，总希望自己依旧保持法大人、内事人的精神，不断向着互相骄傲的目标做更好的自己吧！

荒漠绿洲沁心脾，以身报国励后人[*]

闫雪晴

最高人民检察院渎职侵权检察厅副厅级检察员喻中升校友，是昔日使渎职者闻风丧胆的人民检察官，是今日荒漠绿洲的建设者。肝癌大手术初步恢复及退休后，喻中升在自己曾经插队、任教并视为"第二故乡"的内蒙古自治区锡林郭勒盟正蓝旗五一种畜场治理 3000 亩荒漠。他决心使这片荒漠重现生机，将对这片土地诚挚的爱化为沙漠绿洲沁润心脾。

在职三十年间，内心深植热爱人民、为人民服务的信念炼成喻中升的铁血担当：尝过跌断肋骨、生病发烧、住澡堂办案等"苦头"，罹患癌症仍坚守办案一线，突破某省级政法机关干部亲属的各方求情与"通融"，坚决惩治犯罪，四年间查处失职渎职犯罪嫌疑人 200 余人、累计外出办案 700 余天……三十年间，喻中升是令渎职者闻风丧胆的先锋战士，正如他所言："作为一名检察官，无论查处事故多么艰难、案情多么复杂，我都要走下去！"

心中有人民，便有着不竭的动力，喻中升以身报国的脚步并未就此停歇。2010 年春，喻中升从最高人民检察院退休。大病初愈的他启动了筹划良久的治沙计划，我们的故事由此开始。

---

[*] 作者：闫雪晴，中国政法大学刑事司法学院 2020 级硕士研究生。

五一种畜场位于内蒙古自治区锡林郭勒盟，喻中升曾在此插队、任教，并亲切地称这里是自己的"第二故乡"。插队时，当地的老乡给他送过干粮、送过回城穿的衣裳，最困难时雪中送炭的感情使他深爱这片热土，更促得他对这片土地上的人民多了一份责任。

在他的记忆中，这里鲜草肥美、山明水净，是白云碧空下的优质草场。但当他再度路过这片土地时，干涸的水库与连片的黄沙使他震惊，他下定决心必须要为这片土地做些什么。他曾尝试通过招商引资的方式帮助"第二故乡"进行建设，却无奈被拒。他迎难而上，下定决心成为这3000亩荒漠的拓荒者，最高人民检察院的反渎专家撸起袖子变成治沙专家。

起初，他拉来了黄柳条和2000株樟子松苗，邀请老同学李百泉协助他在绿化治沙现场栽种。他面对的第一个困难就是经费不足。牧场贫困，投资商又因看不到利润不肯投资，喻中升将几经波折筹集到的一些经费全部用于牧场的开发建设，即使稍有回报也全部用于巩固治沙成果。"我找几个朋友一起凑了些钱，靠打草养牛来保障治沙经费。今年我们打了5万斤草、养了20头牛，收支一合计，还略有盈余……"喻中升自豪地说。

于他而言，"治沙成功就是给我最好的回报"。有了经费的支撑，他抓紧时间围封打井，移栽榆树，播种榆树籽。几年间，治沙事业便取得了胜利——明沙基本被林草覆盖！

然而一个新的梦想又在他的心头萦绕，就是要在绿化的基础上扩大松树种植面积，以永久保持治沙效果！为了这个梦想，他付出了始料未及的艰辛。

2011年春，他又栽种了一批黄柳，从围场县拉来两卡车共计2万株杨树、3万株苹果树苗。栽种工作虽然完成了，但浇水却面临很大困难，由于都是一人高的大树苗，第一次灌水要快要足。终因浇水不到位，这批树苗的成活率不足 5%，投入的几十万元都打了水漂。

即使如此，经过连续两年的艰辛治理，大部分地块实现了绿化。2012 年，在所剩不多的裸露沙地里，他又打了一场治沙攻坚战——栽种榆树。一来榆树本是当地树种，易成活，二来也可增强治沙区内的植物多样性和观赏性。经过 20 天的艰苦奋战，移栽 10 000 株、补植 5000 株的种植榆树任务终于完成了。

对于这位满心都是人民的治沙者而言，喻中升最大的压力还是责任，"治沙之初，也就是激情的驱使，当遇到自然灾害、经费困难时也曾经怀疑过自己。能否坚持下去也是对我身体和意志的考验。每年挖坑种树的时候，春季风沙大，眼睛睁不开，耳朵、鼻子里都是土，只见飞起的漫天黄沙中我们几个栽树人的头在移动，下半身根本看不到。我最终是在当地领导和群众的支持下，在最高人民检察院领导、老干部局和渎检厅同志们的支持下坚持下来的。现在有成效了，以后还得继续干好"。

正如喻中升所言，荒漠治沙得到了多方的协助。在喻中升义务致力于公益事业、造福后代的精神感召下，家人、亲朋好友从财力、人力、物资等方面给予支持；许多他当年的学生，特别是那些不再受风沙困扰的居民们都主动前来帮忙。五一种畜场李炳臣场长组织全体在职人员进行义务劳动，帮助栽种樟子松，浇水保活。

中国政法大学管理干部学院校友会常务副会长王升贵校友，代表校友会带领各届校友代表先后多次去往治沙之地，带去了校友会对喻中升的深情厚谊，带去了灌溉用的 10 台水泵的慰问款。王广发会长更是在校友会常务理事会议中，号召广大校友向喻中升校友学习，并积极支持赞助老校友的治沙事业。

在喻中升的不懈坚持下，五一种畜场荒漠的局部地块牧草已具有打收利用价值，生态效益大幅提升。不仅如此，荒漠绿洲使快要吞没下游居民区的沙龙被牢牢锁在了治沙区，切实造福了当地民众。

喻中升在牧场的治沙岁月，给荒漠带去了绿洲，也给千千万万拼搏奔忙的人们以坚定的信念。正如喻中升所言："人这一生，最重要的是做人的价值观。第一，做人的尊严和人格得齐全。第二，得有所追求，通过自己的工作把事业推动前进。这样的人生才不白活、才有意义！"

人生路口，情牵法大*
——乒乓冠军的法大故事

赵中名　乔逸如　孙宏毅

王昆最初接触乒乓球是在小学时。在体育老师的鼓励下，年仅六岁的她第一次拿起球拍，站上球场。那时她只是把乒乓球作为兴趣，并没有成为专业运动员的雄心壮志，没想到这看似不经意的开始，便是她十几年乒乓球生涯的开端。

岁月悄然，从小学到大学，乒乓球一直陪伴着她。王昆就读的中学是当地的重点学校，平时的学业任务十分繁重，王昆凭着自己对乒乓球的坚持，努力平衡着学业与乒乓球的关系，在繁重的课业中挤出时间练球。正如王昆自己所说，"从小学一年级开始就是这样一种模式，上一天学，然后每天训练两个小时"，这种连轴转的生活当然辛苦，可多年的坚持使得这每天两个小时的训练已经成为王昆的生活习惯。

就这样，王昆一边学习，一边打球，很快来到了人生的第一个路口——高考。凭借着名列前茅的乒乓球成绩和同样优秀的文化课，王昆同时被北京大学和中国政法大学两所高校录取。面对摆在自己面前的两所高校，王昆选择了法大。原来，王昆与法大

---

* 作者：赵中名，任职于共青团中国政法大学委员会；乔逸如，中国政法大学国际法学院2015级本科生；孙宏毅，中国政法大学国际法学院2016级本科生。

的缘分在她高二时就已开始。当时，高中时的师姐进入法大后很快取得了大学生锦标赛冠军的成绩，这让王昆看到法大乒乓球队的出色实力，在老师和师姐的推荐下，她被法大的老师所关注，这更增添了她对法大的了解和向往。进入法大后，和蔼又严格的教练，管理严格的乒乓球队，更让她坚信选择法大是正确的，是人生的幸运。正如王昆在采访中说的，"很幸运能够在法大读书和训练，法大培养了我孜孜不倦的学习精神和不畏困难的拼搏精神"，人生路口，情牵法大，这一个选择，开启了王昆 11 个全国冠军的夺冠之路。

欲戴王冠，必承其重

首位全国大学生锦标赛女子单打四连冠，11 次全国大学生冠军，王昆的乒乓球战绩无疑十分骄人。领奖台上的笑容光鲜亮丽，但在笑容背后，却是无数个日夜的汗水拼搏。

法大的学习强度不小，即使承受繁重的课业任务，王昆依然能够挤出时间训练备赛。法大乒乓球队要求十分严格，每天固定的三小时训练，占据近三分之二寒暑假时间的专业队备赛训练，无论是从训练强度还是训练质量来说，要求都是非常高的，正如教练所言，"来了法大的这些运动员基本上都瘦了"，她们的辛苦可想而知。可也正是这样强度大质量高的训练才造就了成绩斐然的法大乒乓球队，造就了领奖台上的王昆。

2013 年至 2015 年，法大乒乓球队连续三年取得了全国大学生锦标赛女团冠军，这对所有人而言都是激动人心的荣誉，而对于主力王昆，更具特殊意义。2014 年王昆第一次参加全国大学生女子团体比赛，这次比赛的半决赛上，首先出场的队员发挥并不理想，作为二号主力的王昆顶住压力，拿到了关键的2分，最终团体以3∶2的成绩战胜了对手进入决赛。决赛场上，王昆在先输一场的情况下战胜了对方的一号主力，帮助球队扳回一局，团体最终以3∶1获得胜利蝉联女团冠军。王昆就像队伍中的定海神针，每次都能顶住压力，力挽狂澜。而这种大将之风，归根结底还是由于平时训练的积累，就像王昆自己说的，"我们大家的技术水平都相差无几，最后比的就是细节和心态。我之所以能够顶住压力，总结起来还是平日训练更扎实，最后的自信都是源于点滴的积累"。

力挽狂澜的故事同样也发生在单打的赛场上，2017年的全国大学生女单决赛，比赛开场，王昆便先失了两局，眼看就要输掉比赛，而从第三局开始，王昆连扳三局，实现了大逆转，成功蝉联女单冠军。提及这一次比赛，王昆笑称"我想还是因为我的一颗平常心吧"，正因为平常心，才使王昆在先失两局的情况下依然心无杂念专注比赛，在对手出现失误时及时把握战机，果断出手，最后赢得了自己的桂冠。

风雨同舟，并肩前行

经历过日复一日的训练和荣辱与共的比赛，法大乒乓球队的队员们早已超脱普通战友的关系，他们向着一个共同的目标去努力，走过风雨，并肩前行。

现在俨然是乒乓球队元老级人物的王昆，会在训练中时时注意给小队员做榜样，担起自己的责任。就像王昆所说，"我想现在的师弟师妹会是标着我去看。如果我训练不太好的话，肯定会影响到他们的情绪。所以我觉得责任更大了，因为练不好不是自己一个人的事情，或多或少会影响到他们"。由于这样的团队意识与担当精神，王昆一直努力给师弟师妹们树立榜样，希望尽自己的最大能力提高整个队的实力。

不仅在训练中共同进步，在生活中她们也会相互扶持。几个年纪差不多的年轻人凑在一起，私下里最高兴的事情就是聚餐，队里关系熟稔，每次大家都很开心，没有拘束，相信这也是法大乒乓球队在赛场上配合得当的原因之一。场上战友，场下朋友，一次次风雨和阳光的共同经历使法大乒乓球队越发团结。

现在已经是研究生的王昆依然在教室与球场之间奔波，作为见证了法大乒乓球队这么多年风风雨雨的元老级队员，对于乒乓球队未来的发展，王昆也有自己的想法。传统的延续当然是十分重要的，而法大乒乓球队的传统到底是什么呢？王昆认为，这种传统不仅应是成绩上的传承，更是精神上的传承，"从细节上来说，就是训练你不能迟到早退，或者是太自由散漫。虽然说是很小的细节，不足为提，但是正是因为这些细节积累才会有这么好的成绩"。这种自律的精神在法大一代一代的乒乓球运动员中传承，成为乒乓球队不可磨灭的精神特质。

时光匆匆，球影起落里几度春秋，伴随着乒乓球的起落，王昆在法大的学习生活中，留下了无数个精彩的瞬间。在她之后，相信还会有更多人接下她的担子，为法大乒乓球拿回一个又一个奖杯，将这种精神代代传承，延续属于法大的故事。

王子嫣：寒来暑往　始终如一*

赵中名　乔逸如　孙宏毅

王子嫣，女，中国政法大学羽毛球队队员，中国政法大学研一在读，本科就读于中国政法大学民商经济法学院。本科期间为球队获得了多项奖项。

王子嫣同时具有两个身份：一个是在高等学府钻研刑法专业的刑法研究生，一个是获得多项荣誉的体育特长生。

说到体育特长生，我们通常会联想到这些形容：挥洒汗水、精疲力竭、超乎常人的毅力和无法接受的训练。但对于王子嫣来说，这一切显得十分的理所当然。

"作为一名运动员，吃苦是应该的，背后的泪水、汗水都是正常的。就像你们普通学生学习也会挑灯夜读一样，都是平等的，我们也理所当然地受一些累，也没有想到放弃。"

所有的获奖，也都从这个理所当然开始。

顺其自然的选择

王子嫣在河北拿到了属于她的第一个羽毛球女单冠军，那时候的她还没有接受过专业的训练，而是仅仅在两个月的集训后就

---

* 作者：赵中名，任职于共青团中国政法大学委员会；乔逸如，中国政法大学国际法学院2015级本科生；孙宏毅，中国政法大学国际法学院2016级本科生。

拿到了省级的冠军。这固然与她的天赋有关，但也因此让王子嫣走上了体育特长生的道路。2013年夏天，王子嫣以优秀的专业成绩获得中国政法大学羽毛球队的录取机会，被中国政法大学录取。

吸引王子嫣选择中国政法大学的原因，一是中国政法大学作为中国法学教育的最高学府，这里专业的法学教育和知名的法学教授在吸引着无数学子的同时，也深深地吸引着王子嫣；二是因为李楠教练，前中国国家队运动员，也是林丹曾经的队友，将成为中国政法大学羽毛球队的教练。

进入法大后的四年里，训练、学习、比赛是王子嫣生活的全部。学校的学术论坛和名家讲座是生活的调剂。四年很快过去，王子嫣也成功凭借出色的学业成绩和比赛荣誉获得保研资格。

王子嫣从成为体育特长生到进入法大成为研究生，每一个选择都显得理所当然。或者说这都不是选择，是抓住了自己的天赋，做好了自己分内的每一件事，人生就自然地向前走了，且走向了一个被大多数人所向往的方向。

一个体育特长生的自我修养

进入法大后，王子嫣在教练的带领下，开始了正规的训练。

大一伊始，王子嫣便感到了训练的紧张。军训期间，运动队被留在学校训练。在其他新生都在军训基地里军训的十多天里，王子嫣和队友在教练的要求下跑了五六天的操场。对于王子嫣来说，那是大学给她的第一个下马威，以前总是躲过跑操场的她终于是躲不过了。那是一段被教练逼着训练的日子，也是整个大学期间进步最快的时间。经过那些天的训练后，她的速度与力量都提高了许多。

步入大二和大三，训练已不再是教练的硬性要求，而是王子嫣想要证明自己的自觉与坚持，为此，她特意在选课时尽量将自己的课排到早上、晚上。早上五点多起床占座，下午从三点训练到六点，训练结束后继续上课，这是王子嫣大学本科的常态。大二大三课业愈发繁重，王子嫣固然需要更多的时间去学习，但是她仍坚持留给训练足够的时间。

对于训练和比赛，王子嫣有着自己的见解——"简单地说，我觉得自己是选择以体育特长生的身份进来的，那训练和比赛就是自己责任"。"你不可能是直线上升的，既然是螺旋就有高点也有低点，有高峰也有低谷，所以很正常，在低谷坚持一下，下一次就是高峰，在高峰坚持一下，下一个低谷就可能会比较短暂，下一个高峰就可能来得更快一点。"后来，王子嫣的"责任论""高峰低谷论"随着王子嫣和球队师弟师妹的讲述也成为整个球队的理论力量。

在法大的日子，训练很辛苦，比赛也并不轻松。2018年的比赛，是法大羽毛球队实现三连冠的重要时刻。当时王子嫣已经大四，面临着保研和比赛的双重压力，王子嫣并没有思考自己保研的事，而是全身心地扑在实现三连冠的荣誉上。在比赛中，通常情况下二单是不用出场的，但是因为球队往往需要王子嫣的保障，她每一场比赛都要上。在半决赛遇上劲敌艰难获胜之后，她感觉自己已经要撑不住了。此时，在他们的微信群里有这样一段对话："子嫣，你再顶一顶，这是最后一场比赛希望你能顶住。我知道的，我知道你很辛苦"，"教练我没有问题，我一定会坚持到最后的"。其实后来教练说在他看到这段话时，眼眶已经红了，没有人比他更懂得训练的辛苦，比赛的劳累。但同时他也知道子嫣决定上场，那么三连冠稳了。

王子嫣是幸运的人，她有着大多数人都比不上的运动天赋，同时她也有着身为法大学子的自我修养。

我有一个很满意的团队

法大羽毛球队有着一个很有意思的建制，在建队的第一年全队只有三名女队员和一名男教练。教练想要快速出成绩，但面对女队员却又害怕把握不好训练的程度。男教练与女队员之间的交流方式和相处模式的磨合花了不少的时间，也因那段时间团队规模小，教练和队员、队员和队员之间都很熟悉，许多故事也发生在那段时间。

大一时，王子嫣发高烧在舍友的陪伴下来到医院，发现自己和舍友带的现金不足以支付医药费。无奈之下，她打电话给李楠教练，李楠知道后十分着急，立刻开车到昌平区医院，送来1000元现金。在医院，他告诉王子嫣，以后不管在训练上还是在生活中遇到什么难处，都要及时告诉他，让他来想办法。

对于离开父母在外读书的学生来说，此时是无助和缺乏安全感的。但是李楠教练用实际行动带给自己的队员充足的安全感，即使四年过去，当王子嫣提起此事时，眼眶里还是会泛起激动和感念的泪光。一个如父亲般的教练，是帮助她科学训练的专家，更是支撑她走完大学四年的坚定力量。

在王子嫣的心里，羽毛球队就像石榴籽，得聚在一起。每个人的进步和成功，都是整个团队的收获和荣誉。每逢规格较高的比赛，队员们都会在赛前出去聚餐游玩，以放松心情、增进感情，有更好的状态。在比赛时，无论是谁上场，无论当天有没有自己的比赛，其他的队员都一定会在场边为他加油打气。这既是李楠教练对队员的一贯要求,更是所有队员对自己队友感情的真实流露。王子嫣说:"如果一个团队没有形成一股合力,那么比赛不过是每个人的单打独斗。"

在谈及决赛会师时,王子嫣这样说道,"由于我校羽毛球队过硬的整体实力和长期领先的运动水平,我校羽毛球队多次在大型比赛的决赛中队内会师"。这样一个略微敏感的话题,王子嫣却并不遮掩避讳。在她看来,其实不管是决赛会师还是平时具有选拔性质的队内对抗赛,都是在检验水平,挑战自我。"当成一场比赛,全身心地投入是对自己和队友最好的尊重。""其实输赢这个东西,你没法控制,你不能每次都赢,也没法每次都让着别人,正常发挥,得到一个结果这才是竞技体育最大的魅力。"

结　语

王子嫣说运动员最终也会回到普通人的生活,其实在本科四年的各种比赛和各种训练都是分内的责任。一如勤学苦读的大家"挑灯夜读"一般,他们的训练和我们比他们多付出在学习上的努力没有什么不同。她很感谢法大的法学教育,让她在日后渐渐退出羽毛球的比赛时,可以有着让自己满意的身份,那个时候我们的国家应该多了一位刑法学工作者。

冬夜，校长的一封回信*

李正新

行者无疆，既远游，赴营门

2013年夏天，法大宿舍还未曾装空调，地铁昌平线也只通到南邵站。那年我大一，从云南边境小城腾冲来到法大，仿佛一个乡下小孩突然闯入了学霸们的竞赛场。"学术英语"课上听不懂老师的提问；高等数学课后看着满黑板的微分方程，一脸茫然；每天早上被宿舍电扇吹来的热浪袭醒，匆匆忙忙到军都服务楼后的"昌一居"买个鸡蛋灌饼又开启新一天的绝望。

很多年过去了，我依旧记得大一那年的自己，困惑，迷茫，焦虑，像笼中找不到方向到处乱撞的云雀。那日午后，走过梅二楼下的橱窗，不经意间看到夏季征兵的海报，我仿佛抓住了最后一根让自己"脱离苦海"的稻草，毫不犹豫便报了名。填表、体检、政审……那年，武装部的姜言发老师在送我上车时说："去了部队好好干，活出个法大人的样子。"之后，姜老师便因为工作调动离开了法大。

---

* 作者：李正新，中国政法大学社会学院2012级本科生，2013—2015年从学校报名参军到中国人民解放军某部服役，曾获第十一届"感动法大人物"、第十五届"学术十星"称号。2018年以专业第一名的成绩被推免至清华大学社会学系读直博。

冬夜，校长的一封回信

图1　2013年新兵入伍欢送会（右三为作者本人）

我乘着北上的列车，过了一整天才被叫下车，登上一辆绿皮大解放被送到一片荒无人烟的草原。当初在入伍志愿书上写下"坚决服从组织分配"时的决绝，竟变成了此刻身处荒原沟壑之地的忧惧。后来才知道这片人迹罕至的戈壁是内蒙古腹地——朱日和。"朱日和"在蒙语里是"心脏"的意思，因为地处蒙古草原的中心，冬天受到蒙古高压影响，气候异常严寒，10级以上的大风经常能把炊事班储物间的房顶吹飞，让那几位穿军装的大厨们跑出好几里地去追到处乱窜的铁皮屋顶。2013年的朱日和还默默无闻，还没有后来纪念建军90年"朱日和沙场阅兵"后的举世瞩目，有的只是一片片荒凉的草原和齐膝的大雪，还有那沉睡了几个世纪的成吉思汗边墙。

年少多歧，居荒地，陷苦海

在亚热带气候的云南长大的我，还未曾适应昌平凛冽的寒风，就被匆匆扔到了广袤的朱日和草原。只记得新兵连三个月，有练不完的体能，训不尽的队列。早上六点出操，跑完几圈后，脸上的面罩早已因呼出的热气遇到寒冷的空气而覆盖起一层层冰碴，就连草绿色的雷锋帽上也出现白白的一层帽霜。趴在地上练习狙枪瞄准，一趴半个小时，起来时小腹早已凉透。每天穿的棉衣棉裤总是湿了捂干，干了又湿。

尽管是大学生入伍，但是与其他初高中入伍的战士是同样对待的，如果非要说有什么不同的话，那就是老兵们对"大学生士兵"有了更多的期待。只记得那时，每天都要把被子叠成有棱有角的"豆腐块"，而这其实是一项需要长期练习的基本功。一次检查内务，尽管新兵之间水平都相差不大，当连长检查到我的床铺前时，却开始了"树立反面教材"的批评："一个政法大学的学生，难道被子就叠成这样？"中国政法大学学生的"光环"带给我的只是不知何时便会突然而至的苛责。我依旧记得那个阴郁的周五，实弹射击时，我因为太过紧张，第一轮考核五发子弹全部脱了靶。尽管这在新兵考核中是十分正常的情况，新训班长却当众狠狠地批评了我："你作为一个名牌大学的学生，怎么打个枪都能脱靶呢？你的大学都上到哪里去了呢？！"那时，只听得周围十几个同年兵都在嘲笑："看来政法大学的高才生也没什么了不起嘛！"

那一句句冠之以"政法大学学生……"怎样怎样还有很多很多，曾一次次针尖一般扎进了我的心底。那时的我实在不明白，"叠被子、拉单杠、打枪、投手榴弹……"这些和我是一名法大学生有什么关系呢？为何一直以来令我引以为傲的法大竟然成了我被狠狠责罚的借口和被嘲笑的标签？那年的我，实在想不明白。

朱日和的寒冬阴郁而漫长，白天训练，夜里站岗，疲惫的身

冬夜，校长的一封回信

体得不到一刻休息。深夜，望着门外的风雪，我一次次问自己，当初为何就选择了来部队当兵？我又为何陷入了这般境地？那些难熬的沟坎终究只能憋在心底，是万不敢和爸妈诉说的，出门在外，"报喜不报忧"是成长的必修课；而向好朋友们诉说呢？当初大家开欢送会时，自己可是许下过豪言壮语的——"一定会在军营干出一番事业，衣锦返校"。

翻遍通讯录，我找不到任何人能够听听我心底的苦，无望之际，脑海里闪现出刚进法大时，开学典礼上那位慈眉善目的校长掷地有声地告诉台下稚嫩的脸庞们——"做一个幸福的法大人"。可是，在这敲不开、绕不过的钢铁军营，到哪里去寻找我的幸福呢？心里的苦水一瞬间倾泻而出，化为笔尖流淌的酸楚。如今，我早已忘了那封信里，我到底给校长倾倒了多少年少的委屈，只记得那天仅仅是因为军队的邮戳不用付费才顺手将信寄出，也只是希望这份少年的心事像一个漂流瓶一般消失在无穷无尽的生活浪花之中，从未期待过能有任何的回响。

图2 朱日和恶劣的天气，黄沙暴雪交织

穷且益坚，揣回信，驱熊罴

那天下午，营里选拔参加朱日和"红蓝实兵对抗演习"的士兵，军事成绩靠后的我，主动承担了那天的"小值日"，放弃了参加选拔。检查完营房后，我下楼搬运邮差送来的成捆报纸和一堆信件，忽然看到了一个熟悉的地址——"府学路27号"，黄进校长的名字赫然出现在牛皮纸信封上。那一刻，我不敢相信自己的眼睛，匆忙将手中的报纸和信件放到连队的岗桌上，拆开那封信读起来。

"李正新同学，我很高兴收到你的来信……你在大学期间参军入伍，为祖国站岗戍边，学校和我本人都为你感到骄傲……你要牢记法大人的使命，传播法大精神，展现法大风采……"那一刻，我的心中有一股莫名的力量涌动，那些带给我许多梦魇的困惑仿佛一瞬间有了答案，"我是一个法大人，在军营，我就代表着法大"，"但是，我得去证明我是一个法大人呀"！

来不及多想，我拿着回信冲到考核场上，鼓起勇气对营长说："我想参加这次选拔！"我的营长是靠着一身过硬体能从士兵直接提拔为干部的，这位凶神恶煞、脾气火暴的营长一口就回绝了我："回去当好你的值日去，来添什么乱子，就你的军事成绩，参加选拔是来拖营队后腿的吗？"也不知道从哪里来的勇气，我对着这个被大家称为"阎罗王"的营长反驳说："你不是老嘲笑我是中国政法大学的学生兵不行吗？今天我想证明给你看！"或许是某个坚定的眼神打动了这个强硬的营长，那天的最后一个决定性考核项目是"武装五公里奔袭"，只记得我挽起裤腿，咬着牙，顶着深冬的寒风，揣着那封回信，在草原上一路跑呀跑，从头到尾都在默默念着："我是一个法大人……我是一个法大人……"在冲刺的最后400米，我抹去模糊了眼睛的汗水，大喊着"经国维政，法泽天下"，冲过了终点线，取得了从未有过的全营第五的成绩。

营长看着累得坐在地上大口喘着粗气的我，笑着说："没想到你个学生兵还能超常发挥，可你的其他军事科目怎么办？"我努力直起腰杆告诉营长，"我会一步步赶上去的，就像今天一样，也会证明我们政法大学的学生不是孬兵"。

那天之后，那封校长的回信就一直被我带在身上，除了洗澡，睡觉时也不曾离身，总会在训练累得想要放弃的时候拿出来看看，打一针"鸡血"继续拼命。"牢记法大人的使命，传播法大精神，展现法大风采"，这段来自黄进校长的嘱托一直回荡在我的脑海中，陪伴我爬过密布的铁丝网，穿过重重阻拦的四百米障碍场，也见证了我在嗡嗡的射击耳鸣声中命中靶心，拿下了"特级射手"的称号……

"做一个真正的法大人"，是那年身处军营的我不断告诉自己的一句话。我不知道一个"真正的法大人"究竟是什么样子，但那时的我固执地认为，"他应该是个很棒很棒的军人吧"。2014年、2015年的跨越演习有太多太多曲折的情节，但仿佛都随着演习场上的硝烟逐渐散去了，我只记得每一次我不惧奔赴，主动申请到最前沿的阵地上，只是为了在朱日和的演兵场上，告诉那个我始终看不透的钢铁军营——我是一个真正的法大人。

图3 作者在冬日雪地上练习射击

吾即法大，常思思，长戚戚

那些匍匐的、尘土飞扬的、坑坑洼洼的军旅岁月呼啸而过，当半个朱日和蓝军都知道有个从中国政法大学来的义务兵在演习场上"很拼命、很厉害"时，两年的军旅岁月也已经走到了尽头，军营把那个唯一的"三等功"给了我。还记得退伍前去营长屋里领奖金时，营长打趣说，"没想到这政法大学的学生的确不一样，把咱营多少服役十几年的老士官排队拼命争夺的三等功都抢走了，你可得好好请大家吃大餐哈"。那一刻，我回想起了那个拿着校长的回信冲到考核场的冬日。

重新踏进军都山下的校门后，我小心翼翼地把那封信收好，我明白自己得在另一片没有硝烟的战场上去寻找一个法大人应有的样子了。只是，我没有再迷茫过。如今，已经在清华园开启读博之旅的我，整日埋头读文献、跑数据、写论文，还依旧会在从文字堆里抬头呼吸新鲜空气的刹那，回想起那个冬日的下午，尽管那天的时间链条是从白昼转为黑夜的,我记忆的胶片却总是从冬夜切换到午后。"牢记法大人的使命,传播法大精神,展现法大风采……"那个冬天,一位法大校长在收到一位远在军营的学生满是酸楚的书信后,用一支温暖的焰火照亮了一个学子成长为战士的漫长冬夜。

图 4　作者在 2018 年本科生毕业典礼上作为代表发言

下一站，府学路 27 号[*]

刘晓阳

> 军都山下的四年间，L 渐渐明白，拓荒牛朴素的外表下有着怎样的坚韧，军都山又为何有种沉默的力量。法大的精神，在于每一个平凡普通的法大人，在于军都山下的那些喜怒哀乐的成长。府学路 27 号，是 L 心中永远的门牌。凡我在处，皆是法大。
>
> ——题记

这个故事的主人 L，是一个极其平凡的法大人。

但法大对 L 的意义，大概已足够让他铭记一生。

18 岁到 22 岁，这里是 L 不可复制的青春和记忆。

2018 年 6 月 23 日 "让我再看你一眼，熟悉的门牌"

背着双肩包，L 深深吸了一口气，快步走出校门。

"四年前第一次迈进的，也是这个门呐。当时也是背着双肩包，拎着拉杆箱，忐忑得很，紧张到一进大门就把拉杆箱摔在地上呢。"想到这里，L 不禁莞尔。

很快到了"345 快"车站，却还是忍不住原路走回去，只为

---

[*] 作者：刘晓阳，中国政法大学国际法学院 2014 级本科生。

再看一次那熟悉的门牌——让我再看你一眼,从南到北。

哐当哐当的地铁上,过去的四年,一幕幕在眼前闪过。

2014年6月28日 "犹豫什么,当然选中国政法啊"

填报高考志愿的时候,L在三个名字之间徘徊不定。

"爸,有什么建议呀?浙大,南大,还是中国政法大学?"

"有心仪的专业吗?""好像挺喜欢法学的。"

"那还犹豫什么,当然选中国政法啊。"

老妈也探过身来,"政法大学不错嘛,地点又在北京,可以经常去老胡同逛逛。对了,后海那边景儿也挺好的"。

那晚的L犹豫了很久很久,终于在还有一个多小时截止的时候,坚定地点下"提交"键,暗自想着,"大概,就是她了吧"。

对了,真正让L下定决心的,其实是一篇名为"我在法大的信仰之路"的文章。硬件一般却能让人恋恋不舍,艰苦朴素却依然让人魂牵梦萦,这一定是不会让人失望的地方,L暗想。

两周后,录取结果揭晓。"不错,被中国政法大学录取了,专业是第一志愿呢。"那时的L,还不知道另一个称呼——"法大"。

2014年7月26日 "除人间之邪恶,守政法之圣洁"

那一天,L收到了录取通知书。

拆开信封,鲜红色的通知书,意外地精致。最惊喜的,是扉页上的誓词:"挥法律之利剑,持正义之天平,除人间之邪恶,守政法之圣洁……为社会主义法治事业奋斗终身!"

莫名震撼,正是L那时的心情写照。

"嗯，看来这个志愿，是选对了。"

L并不知道，四年后的自己，会在礼堂里泪流满面地背出一样的誓词。当然，一样的满怀信心，一样的热血沸腾。

2014年9月6日 "哇，这只牛好深沉的样子啊"

那是L第一次见到法大。

不知怎地，一眼就爱上了她。

那时的法大还是灰色为主的建筑群，满满的80年代风。天空中偶尔有鸟飞过，与地上的树木完美映衬。旧世纪题材的电影和电视剧，纷纷将这里视为取景的不二选择。

爸爸看着宿舍忆起往昔："熟悉的感觉，让我想起30年前上大学时的日子。"妈妈则补充道："我上大学的时候还是8人间呐，6人间多少要宽敞一些，蛮好的。"

L满意地觉得，这一切，都很符合自己对大学的想象。

后来的四年里，那些带来震撼课堂的大师，那些相伴成长、指点江山激扬文字的人，那些大风天里肆意大笑的日子，让L愈发地确定，法大，正是自己心目中理想大学的样子。

在校园里穿梭，看到了那座雕塑——传说中的拓荒牛，"哇，快看快看，这只牛好深沉的样子啊"！

1987年，法大移址昌平。拓荒，便是那时的法大人最突出的精神底色。时光变换，斗转星移，唯有底色一直不变。

回想起路上看到的那一片片田野，L想象着当年的那一批法大前辈们，是如何在寂静中钻研着经国纬政；风声雨声读书声，又是怎样照亮了中国的改革和法治之路？L不禁心驰神往露出微笑，"太棒了，这不就是青年人最理想的生活嘛"。

2015年9月8日 "法律人，更要习惯批判性地思考"

偌大的阶四，那一天座无虚席。

L通常喜欢坐在最后一排，宽阔的视野总能带来舒适感。

讲台上，帅气的老师用磁性的低音娓娓道来债法的奥秘。"债即法锁"，"请求而非支配"，大陆法系与债务二分体例……那是L初次见到"罗马法小王子"刘家安老师，也是L第一次走进"万法之王"民法的世界。

大一的L邂逅了不少好课，郭继承老师的思修，朱素梅老师的批判性思维，曹万成老师的西方哲学智慧……90+的逻辑导论和法理学导论，则让L对未来的四年更具信心。

而大二的L，则从一个"法学小白"，开始在专业领域怯生生地迈出求知的步子。

家安老师的债法是个很棒的开始，让L在法律思维上初窥门径；而后，王人博老师的中国宪政史，罗晓军老师的宪法学研讨课，罗翔老师的刑法学研讨课，靳文静老师的物权法，都带来了超乎意料的惊喜。L直到现在还记得，那个闷热的午后，台上的靳老师讲述着不动产登记制度如何影响着民生，温柔而激情洋溢，台下的自己听得热泪盈眶，时而忧愤时而沉思。

许多具体的知识，L已渐渐忘却；但L会一直记得，几乎每位老师都曾强调过的那句话："法律人，更要让批判性思考成为一种习惯。"余音绕梁，历久弥新。

2016年6月1日 "不气馁，有召唤，爱自由"

那一天是准律师协会换届的日子。

学术研究部，是 L 待的时间最久、感情最深的部门。一群志同道合的年轻人走到一起，度过了许多个有趣的日夜，观点交锋而不攻击，思想在自由的切磋中一起进步。

这群人曾围炉夜话《政治哲学与幸福根基》，一起讨论有品质的纪录片和电影；也曾一起办出座位满员站都站不下只能站在门外、挤满了整个环阶的刑侦讲座；在部门聚会时的 KTV 里，L 惊喜地发现，罗大佑不再是小众的，而每次的必点歌曲总是心照不宣；散伙饭的时候，大家默契地喊出——"有趣的灵魂终会相遇"，以及"不气馁，有召唤，爱自由"。

2017 年 5 月 3 日 "全面推进依法治国"

L 还记得，总书记来法大考察的那天，自己一回到宿舍，几个舍友就扑上来，"不许洗手，先让我握一握"。

L 一边得意地笑着，一边默默地翻开书，继续看 *Conflict Law*——班主任霍老师所著的全英文版《国际私法》。

作为涉外班的一员，四门国际法专业必修课均为全英文，这让大三的 L 倍感压力。2017 年的前 9 个月，是 L 心情最低落最难熬的一段时间，恰巧当时班级工作也很是繁重；疲惫和迷茫的日子里，舍友和二三好友是每天陪伴自己的人；范立波老师和宋在友老师的法理学原理，以及颇有意趣的国际私法课，则是精神上的犒赏。

这一年，法大的名字，与"全面推进依法治国"战略方针一起，出现在报纸的头条，以及司考、国考、研考的卷面上。录取分数线的上涨，更是宣告着又一个明媚春天的到来。

2017年11月18日 "地铁站人真多,还好,初心和骄傲都还在"

大四的上半年无比孤独。

对法学的热爱的复苏和觉醒,是2017年赐予L的最大礼物。同时备战国考和研考,则是L最终作出的选择。

从9月份下定决心开始,每周一L都穿梭在昌平与海淀之间;人潮人海的地铁,则是最难忘的体验。

跟身边的许多同学一样,大四的L经历着纷繁诱惑与种种尝试,所幸不曾在挫折中迷失;寂寞反而让L发现,儿时的那份心气,少年时的执着和不屈,其实一直都在,从未离开。

四年间的最后一次体质测试,L以88分刷新了自己的最好成绩。最后200米连超6人,遥遥领先轻松冲线的那一刻,L暗暗地想,要是考研也像800米一样容易就好了。

大四的许多人也许会有同样的经历:在黄昏或者夜晚,一个人站上宿舍楼顶,俯瞰下面的灯光,或是久久地凝视遥远的晚霞,每当这个时刻,都会感受到一丝宁静的快乐。

11月的那天,凛冽的北风吹得人分外清醒。从城里回来的路上,走在西二旗地铁站的人潮里,看着地铁口外的晚霞,L突然豁然开朗:"还好,初心和骄傲都还在呢。"

走进校门的那一刻,L步履如飞:"没错,我回来了!"

在那之前,除专业单科整理的一点点笔记外,L的备战进度为0;那天之后的一个月,则是真正奋进的时光。

那个冬天过得飞快。第二年的初春,L战胜了1∶124的报录比,顺利录取到T大的心仪专业。

2018年6月19日 "今天，我们从这里起航"

毕业典礼，大礼堂里的L，穿着学士服，心中满是感激和幸福。开学典礼时身旁的好友，此刻依然坐在身边。

L不是太易动感情的人，却也不知不觉泪流满面。

《肆年》毕业视频有些戳心，里面自己的那一段出镜很是笨拙，让L想捂住眼睛；教师寄语环节，席志国老师一脸平和地开口，"我今天不想讲诗和远方的浪漫，只想跟大家分享一个法大人的心路历程"。不知为什么，眼泪瞬间开闸。

"我们深知，在我国，法治建设的道路上必然是荆棘丛生、任重而道远。而从你们走出校门的这一刻起，就是一股清泉……愿你们能够在每一个现实的暗洞中，凿开法治与正义的光亮。""大家还记得四年前因何而选择了法大吗？是因为对法治和正义的崇敬之心吗？如果不是那也没关系，只要从今天开始，记得你为什么要离开这里，记得四年里这所学校给予你们的一切教诲，我想这就足够了。""正是现实的骨感，让我们懂得了理想的高贵、坚守的价值。""同学们，还有一点至关重要，那就是一定要具备独立的判断能力。毕业并不是学习的终结，相反，是终身学习之旅的开启。独立之精神，自由之思想，身体和思想都要在路上。"

勇于批判，敢于担当；独立探索，不屈不挠。这是法大四年里，L所学到的最宝贵的东西。

"挥法律之利剑，持正义之天平；除人间之邪恶，守政法之圣洁……为社会主义事业奋斗终身！"大礼堂里，声音久久回荡，一如四年前的那个初秋，那群18岁的青年。

嗯，凡我在处，皆是法大——L泪眼中露出微笑。

2018年11月16日 "下一站，府学路27号"

地铁哐当哐当，L的心绪也起起伏伏。

"几个月不见，趁着周末回来看看。法大，不知是否会有些许变化呢？拓荒牛和拓荒猫，会在那里等着我吗？"

"乘客们请站稳扶好，下一站，昌平东关。"

一步步迈向那熟悉的地方，门牌渐渐清晰。双肩包在雀跃，L的步伐轻快起来。"府学路27号，我回来了！"

杨军成：塞上旱塬，一颗红得耀眼的"种子"[1]

八年前的3月，天安门广场曙光微露。一名即将从中国政法大学毕业的国防生参观了国旗护卫队。"几十年守卫一面旗"的事迹将他感染，一颗红色的种子在他心中生根发芽，他用理想、用信念、用他的实际行动细心浇灌，慢慢地，这棵嫩苗长成了今天的参天大树。

杨军成，中国政法大学2007级武警国防生，先后就读于商学院工商管理一班和刑事司法学院法学五班，现任武警宁夏总队吴忠支队同心中队政治指导员，上尉警衔。入伍以来，他始终坚持用习主席强军思想建队育人，带领官兵多次出色完成缉毒抓捕、处突维稳、抢险救援等急难险重任务，带出一个有灵魂、有本事、有血性、有品德的英雄辈出的英雄中队。

"扎根"红色沃土

"在他心中，家是小的国，国是大的家，即使一个普普通通的小人物，也可以拥有家国天下的大情怀。"

同心是一块红色的沃土。

---

[1] 本文来源于"宁夏武警"公众号2018年4月14日的文章。

杨军成：塞上旱塬，一颗红得耀眼的"种子"

2014年，杨军成刚上任，就被这里厚重的红色文化吸引了：十大元帅中曾有五人在这里战斗过。老一辈革命家在同心清真大寺创建第一个共产党领导下的少数民族自治政权——豫海县回民自治政府，主席兼游击大队大队长、中队首任主官马和福，为革命英勇就义，他是同心各族人民心中伟大的民族英雄，就连美国记者斯诺也闻此踏访，《西行漫记》一书第一次打开了让世界了解我党我军与各族群众生死与共的宣传窗口。

看着红军西征纪念馆里一张张业已发黄的老照片，抚摸着一件件革命先烈留下的遗物，听着红军长征在同心留下的一个个感人的故事，从小深受红色文化熏陶的杨军成，感到自己仿佛被扔进红色火炉中熊熊燃烧。

有段时间，一些别有用心的敌对势力利用网络等新兴媒体，大肆歪曲历史，诋毁英雄形象，个别群众也出现模糊认识。

杨军成看在眼里，急在心头，他深刻地认识到：思想阵地如果不用正确的思想去占领，错误思潮就会占领，必须利用红色基因打好斗争"前哨战"。

经过多方协调，他与官兵们在红军西征纪念馆前广场建起国旗台，每逢"五一""七一""十一"等重大节日，都要在这里隆重举行升国旗仪式，让鲜艳的五星红旗飘扬在各族群众心中。

同心曾被联合国定义为最不适宜人类生存的地方，是全国深度贫困地区之一，从大山沟里走出来的杨军成，看着河西镇菊花台村许多村民还生活在贫困线以下，遂积极与村支部开展支部共建、书记帮带、党员结对，实施党建脱贫。

"不给钱，不给物，帮半天有啥用"，"一个兵娃娃凭啥插手我们的事"，"别折腾了，最后只能是瞎子点灯——白费蜡"……起初，许多村民都发起牢骚。

一次，村里的"老大难"许刚（化名）拄着拐杖拦住他，当场让他解决就业问题。许刚是村里有名的困难户，前几年外出务工时伤了腿脚，现在三天两头到村委会要救济，人送绰号"要要"。

杨军成与村支部商议：一方面为许刚申请低保，保障基本生活，另一方面安排他当护林员，每月适当给予经济补助。

问题迎刃而解，"要要"变成了凡事跑在先的"跑跑"。通过开发山林，许刚一家日子过得红红火火，逢人便夸"兵书记"。

这些年，杨军成和村干部带领村民做起苦水有机枸杞产业，帮助菊花台村实现脱贫攻坚"整村销号"，还发动官兵先后资助13名贫困学生，将他们全部送进大学校门。菊花台村支部被同心县评为"五好"支部。

"培植"红色"家风"

"在他眼中，中队是我家，建设靠大家，即使一颗不起眼的'螺丝钉'，也可以起到关乎成败的大作用。"

杨军成第一次走进中队，三级警士长冯攀就告诉他，营区的一草一木都是"传家宝"。菜地是战士们起早贪黑开出来的；肥土都是一袋袋从清水河滩上背回来的；拳腿靶等训练器材，是"五小工"用边角料拼出来的；那块"忠诚石"，也是几名班长从淤泥里挖来的……

"一定要守好这些'传家宝'"，全军政治工作会议召开后，杨军成更加强烈地感受到：必须一如既往地弘扬优良传统，让红色基因代代相传。

每逢新兵下队，他都要组织官兵参观红军西征纪念馆，聆听杨军成：塞上旱塬，一颗红得耀眼的"种子"

红色故事、传承红军传统；每逢老兵退伍，都要在小号手雕像前合影留念，告诫他们不忘本色、保持作风；还专门撰写中队队歌《红军从这里走过》，办起《小号手》士兵小报，就连瓜廊两侧的"红色留言板"上，也写着许多"红格言"……

新战士小叶刚来中队时，总爱炫耀某某明星出风头，对红色传统不以为然，常说："那些老掉牙的事和我们有啥关系……"

一天，中队组织擦拭"小号手"雕像，他极不情愿。杨军成对他说："你知道他是谁吗？"小叶嘟囔着："是谁跟我也没啥关系呀！"

杨军成一边给他讲小号手在战斗中的作用，一边说："他叫谢立全，是斯诺闻名世界的《抗战之声》中的主人公，一生艰苦奋斗、谦虚谨慎……"直把小叶听得热血沸腾，激动地说："这才是我心中真正的明星！"小叶默默将"小号手"照片夹在笔记本扉页，每当遇到困难就拿出来看看，他先后多次参与中队缉毒抓捕任务，还因此荣立三等功。

缔结红色果实

"在他看来，文无第一、武无第二，即使一介看似单薄的小个子，也可以成为擒凶除恶的大英雄。"

杨军成个子不高，体形偏瘦，微信名为"戎马书生"，可官兵们都说，小个子有着"硬骨头"。

同心是全国17个毒品整治县之一，被称为西北"金三角"。聆听着中队荣誉室里两位"中国武警十大忠诚卫士"的战绩，看着隔壁看守所里"瘾君子"毒瘾发作时痛不欲生的惨状，杨军成立下誓言："如果让毒品继续蔓延，将愧对这身军装！"

2014年3月29日，杨军成突然接到缉毒抓捕任务，他带领战士们冒雨潜伏了整整一天后，发现一辆可疑货车驶入收费站。趁交警伴装盘查之际，他带几名战士悄悄接近，突然冲到近前将司机拽出驾驶室摁倒在地，战士们一拥而上，把车内另外两名嫌犯牢牢控制。突然，身高体壮的毒贩挣脱控制，妄图拿出工具箱里的工具作困兽之斗，被早有防备的杨军成和战士们迅速制服，当场搜出冰毒7970克。杨军成也因此荣立二等功。

情系母校　心向家国*

——法大国防生成长在公益之路上的故事

严培根

这真是一件奇妙的事，此后在另一个人的身体里流淌着的，便是两个人的殷红。

我至今仍然记得，当针头插入血管，血缓缓地流进管子时，我眼前浮现了一座桥，似乎在等待着某种生命的联结。这真是一件奇妙的事，在不久的将来，在另一个人的身体里流淌着的，便是两个人的殷红。它将遍布这个人的筋血，重新找到熟悉的依徊，就像主人发出一纸命令，它便用一生去执行。我想象着在这个世界上某个角落的一个人，我甚至不知道关于他（她）的信息，这样的一个人，因为我，而拥有健康的身体，可以继续他多彩的人生……

这是我大一时参与人生中第一次献血活动时的真切感受。作为法大国防生这个集体中的一员，我们每年都承继着一个传统——自发参加无偿献血活动。这个活动让我突然间开始思考公益、生命、成长的意义，并且一直践行这个让我快乐的秘密——去帮助更多的人。这是法大国防生这个集体带给我的宝贵心灵财富。

---

* 作者：严培根，中国政法大学刑事司法学院2015级本科生（国防生）。

法大校园里，银装素裹中永远跃动着一抹橄榄绿

  大雪与法大国防生有着一个关于付出与奉献的美好约定。近年来，每次大雪之后，国防生们便会早早地跃动在法大校园里，干劲十足，默默付出。不经意间，国防生铲雪除冰已经成为一个习惯，也成为冬日法大校园里一道亮丽的风景线。

  大雪，就是一道命令。我们在整个校园仍沉睡时，冒着零下十度的凛冽寒风，用铁锹等工具一点点破冰开路。有些地方上面覆盖着厚厚的积雪，下面结着厚厚的冰，需要使劲地凿，有时候一不小心摔倒，偶尔会挂点彩，我们会戏谑一笑，称那是"英雄的勋章"。渐渐地，我们的手和耳朵冻得通红，脚已经没有了知觉，哈出的气旋即化水覆盖在睫眉上，头发上蒸腾着一阵阵热气，像一位奔走在风中、白发四散的耄耋老者。铲、铲、铲，凿、凿、凿，几个小时后，所有铁什物的叮当声伴随着黎明与集合的哨声归于平静，留下的只有围着暖气管瑟瑟发抖的我们，以及付出的满足与被称赞的温暖和感动。

  有人说："一大早看到很多小天使在扫雪，好感动，没有你们，我身上又要多几个创可贴。"也有人说："法大的国防生很优秀，这么早起来清理校园，很多人都没有戴手套，感觉很心疼。"还有人说："早上去学生活动中心，看见大家都解散后，还有个认真的兵哥哥盯着路面，嫌某处铲得不够宽，毅然驻足默默干活。可见国防生们，除服从命令的天职外，还有打心眼里认真负责的秉性，真心感动啊！"当看到这些评论时，身上所有的寒意都烟消云散，一股股暖流在我们心头涌起，看到同学们踩在自己打扫过的干净而安全的路面上时，一种作为国防生的自豪感油然

而生，我们感受到了为人民服务的快乐，也更深刻地体会到了家国情怀的庄严。

"十年树木，百年树人"，"橄榄绿×号"是法大国防生成长的见证，也是保卫祖国和人民的承诺与梦想之所系。

"那棵树，是我曾参与种下的。"多年后，当我再次回到法大，我一定会指着"橄榄绿×号"这样说道。我也一定会想起选培办主任、教官曾经的殷殷嘱咐："'十年树木，百年树人'，要重视日后树木的培育维护，让树木陪伴法大国防生一起健康成长。"

"橄榄绿×号"是法大国防生每年为了纪念植树节而种下的。这项活动在激发我们爱林、造林的情感，敦促我们将环保意识融入生活之中的同时，也时刻提醒着我们去发扬橄榄绿精神，为世界增添绿意，用自己的行动为低碳绿色生活添砖加瓦。它更加象征着我们对绿色警服的认同，对国防生身份的认同和对肩负使命的认同。

如今生长在法大校园一角的"橄榄绿"们陪伴着一届又一届的法大国防生诠释着献身国防的光荣使命。都说"人的生命是有限的，唯有精神永存"。"橄榄绿×号"的年轮如同一届届国防生在一次次磨砺中留下的伤痕，而节节拔高的英姿正如守卫祖国南大门——三沙的10级法大国防生宿秀荣等优秀学子一样，用自己的青春在祖国最需要的地方，无悔地保卫着身后万家灯火。

与"星星的孩子"在一起,铮铮铁骨化柔情是爱的力量最好的诠释

在法大国防生的公益之路上,还有着很多温暖的故事,这些故事给我们爱的力量,让我们从小爱生发出对家国的大爱。我们曾经到昌雨春童康复中心进行志愿服务活动,陪伴自闭症儿童上课,教他们叠被子,并进行队列展示等活动,给孩子们展现了军人温暖的一面。

曾经,我有着一种错误的观念,认为自闭症儿童应该都是那种智力存在一定障碍,行为木讷,不懂得情感的给予与表达,很难与他人进行沟通交流的孩子。但当我和他们接触之后,我对自闭症的理解有了翻天覆地的变化。他们也像正常的孩子一样,会哭、会笑、会闹。虽然他们先天性对语言的学习有些迟钝,甚至说不了一个完整的句子,但他们会用独特的语言向我们表述他的情感意志。他们的自闭并非全然的封闭,而仅仅是缺乏对外界的理解与感受。

他们很坚强,当摔倒时脸上的笑容依旧灿烂;他们很纯真,当我们说你好的时候,他们会一把搂住我们,甚至狠亲一口我们的脸;他们也很脆弱,他们会因为一次爸爸晚来的接送而泪流满面,当一个个的孩子都被接走,只剩下一两个孩子的时候,他们总会不停地问:"爸爸来了?妈妈来了?"每当这时,看到他们忧伤的小表情,我内心都有点酸酸的,他们是那么需要周围人的关爱,也是那么害怕失去关爱。

最令我记忆深刻的是一个小女孩,当我初次见到她,带她一起上课时,她咿咿呀呀地,嘴里断断续续地说着什么,眼睛里流露出一种对陌生人的疏离。但是当课程结束后,我要离开时,她

紧紧地抓住我的手，不让我离开。那时候，心里突然间迸发出一种莫可名状的情感，有感动，有惊喜，也有一种被依赖的自豪感……

有的时候，情感就是如此奇妙。不需言说，只需要用心去感受，那是自然的、纯真的、爱的力量，它使我们的内心变得更加强大坚韧，更加丰盈柔和。作为共和国后备警官的我们，总有一天要走上工作岗位，用冰冷钢枪和满腔赤诚去守卫我们挚爱的亲人、朋友、同胞，守卫我们脚下的每一寸土地。这条路注定是孤独的、充满荆棘的，但它是有意义的。因为我们深知，在中国这片土地上的同胞，因为我们，可以幸福安乐地生活，这就已然足够。

这就是法大国防生成长在公益之路上的故事。这一次次充满爱与温暖的公益活动，不仅仅是作为一名法大学子对母校的反哺，更是作为一名国防生对于家国大爱理想的表达。法大国防生们定会在这条路上一直坚定地走下去！

跨越半个世纪的法大情怀：
三辈相守，血脉相承[*]

李 蕾 李欣颐

"除亲情之外，一家人也被另一重校友的身份所联结。"2017年5月16日，中国政法大学65周年校庆纪念大会上，王颖昕神色认真，深情回顾了自己、父亲和姥爷一家三代在母校怀抱中度过的为亲人、亦为校友的激情岁月。

观众席上，一位老人腰板挺直，听得格外专注。当时74岁的郭树松正是台上侃侃而谈的2014级本科生王颖昕的姥爷，也是年长她两辈的老师兄。1963年，郭树松带着公社首个大学生的荣耀考入北京政法学院。彼时尚年轻的郭树松没有想到，命运巧合得恰到好处，日后他会同女婿及外孙女共享这"法大人"的身份。

1943年，郭树松出生在保定农村，家里是靠挣工分生活的贫农。与那个年代的所有穷苦孩子一样，郭树松一边上学读书，一边得回家干农活，简朴的日子倒也不觉苦累。与那个年代很多穷苦孩子不同的是，郭树松没有像大多数同龄人那样早早辍学务农，而是坚持读书，一路上了高中。在县高中时，郭树松成绩不

---

[*] 李蕾，任职于中国政法大学学生工作部；李欣颐，中国政法大学民商经济法学院2018级本科生。

错,还常帮老师出出黑板报,在学习方面颇有点禀赋的他萌生了高考上大学——"脱农"的盼头。

郭树松高考的动机很朴实:"通过高考,改变人生命运,不再'脸朝黄土背朝天'。"参加高考前,郭树松犹豫着不知怎么报志愿,他的班主任笑着提议:你就报北京政法学院吧。郭树松听从了这个建议。

当录取通知书来到村子里的时候,正值1963年洪水,郭树松在隔壁大娘家帮着打捞泡在积水里的家当,忽然听见表弟远远喊他,说有他的信。这封表弟趟着齐腰深的水,举在头顶带来的信里面,正是北京政法学院的录取通知书。作为村子里仅有的考去北京的大学生,这份骄傲实打实、沉甸甸。[1]1963年秋,时年20岁的郭树松和父亲一起从公社贷了十二块钱上路。他背起铺盖卷,怀里揣着捂得热乎乎的录取通知书,历经多次辗转,坐上了进京的火车。

当时的北京政法学院坐落在北京西郊学院路,憩于蓟门桥边,卧于小月河畔,然而环顾四下,除大片大片的庄稼或荒地外,也别无他物。尽管如此,农村出身的郭树松忆及自己初入北京政法学院大门,瞧见那六层高的综合教学楼,那雕花大拱门,顿觉气派无比。

彼时中华人民共和国成立不过十余年,国内的高等教育制度还在摸索阶段,就法学专业来说,更有自己的难处。"那时民国时期的法律已被完全废除,新的法律体系还未建立,我们的法学专业课只是以理论学习为主。"郭树松回忆起自己的大学生活颇

---

[1] 王颖昕:"一生与你同行——三代法大人的故事",载《中国政法大学校报》2016年5月16日,第3版:学府学人。

有些感慨，当年条件不好，他们6个班共200多人硬是挤在一间教室听课，就算这样，上课时底下也井然有序，不觉得吵闹。在当年，北京政法学院的定位略不同于中国人民大学、北京大学，而着重于为政法机关培养有专业素养的实务工作者，因此教授专业知识外也特别注重政治思想教育。直至今日，郭树松还记得他的刑法老师魏平雄、年级主任陈文渊、辅导员陈煜兰等老师。[1]

1968年，郭树松收获了满腹专业知识，从政法学院顺利毕业。他怀揣着成为国家法治建设者的美好希冀回到河北老家，一路从公安做到人大。从政法大学汲取到的智慧和哲理，又被他倾情回馈给国家社会，往后半生，法律皆伴他身侧。

大学生活结束了，郭树松与北京政法学院的缘分却没有烟消云散——他的女婿、王颖昕的父亲王振力于1987年考上了中国政法大学，串起了他与母校的联系。王振力出身教师家庭，身为一名"60后"，他闯过当时有"千军万马过独木桥"之称的高考，进入了中国政法大学。这年，北京政法学院已更名为中国政法大学，昌平新校区基本建成、投入使用。王颖昕笑称："彼时的法大从北京政法学院更名为中国政法大学，就是这样一个'霸气'的新名字，吸引了爸爸来报考这所学校。"

王振力是当年的县高考状元，平时还喜欢打打篮球。在开学前，王振力因为打篮球不小心崴了脚，只让人送到了县里的汽车站，然后一个人一瘸一拐，多次换乘、几经波折，就这样来到中国政法大学昌平校区报到。时仅19岁的王振力所见之景，又不同于郭树松或是今日所见之法大：当时的昌平校区还没有完全竣

---

[1] 内容改编自王颖昕："一生与你同行——三代法大人的故事"，载《中国政法大学校报》2016年5月16日，第3版：学府学人。

工，四下是一片仍在开工建设的工地，教学楼不过两三栋，食堂只有一食堂，宿舍楼更是只有"梅园"一枝独秀。王振力曾对女儿王颖昕谈及，当时没有澡堂，洗澡都要去附近村子里。而进城，只有一趟熟悉又陌生的345路。那时候政法大学还没有北门，北面是没有围墙的，一路通到军都山脚下，饭后散步可以一直走到山麓林间。这也正是海子漫步的地方。[1]

论专业设置，王振力入学时已比郭树松时科学许多，但还是只有政治学和法学两个专业，共四个系，王振力就在法律系。论课程设置，当时的民法、刑法、诉讼法等专业课已与现在相似，选修课虽不如现在丰富，也称得上多种多样。论教师力量，王振力的老师中有很多现已成为法学泰斗。王颖昕曾撰文记述自己一家三代法大人的故事，文中就谈到其父王振力上大学时，江平教授还在讲台上给本科生讲课，舒国滢老师还是刚到法大的年轻学者，如今退休不久的刘心稳老师还是位青年教师。论课外活动，王颖昕觉得父亲的大学生活过得多姿多彩，与现在相比也不遑多让："爸爸的校园生活相当丰富，做过副班长，拿过奖学金，是校篮球队的后卫，代表法大参加过北京高校篮球赛。"

毕业后，王振力走上了法官岗位。他离开了母校，但作为一位八七级法大学子，他同其他八七级同学一样，以一种特别的方式被历届学生记在心底：你看那拓荒牛雕塑默默不语，见证岁月流转，而"牛前集合"的话语犹在耳畔——昌平校园里由八七级同学集体捐赠的拓荒牛，是那之后一代代法大人共有的法大记忆。

---

[1] 内容改编自王颖昕："一生与你同行——三代法大人的故事"，载《中国政法大学校报》2016年5月16日，第3版：学府学人。

2002年，郭树松和王振力携家属参加中国政法大学50周年校庆，彼时才7岁的王颖昕也在其中。后来王颖昕书写自己与法大千丝万缕的联系，提到这一茬故事时很是怀念："我第一次来法大是50周年校庆的时候。"那时的王颖昕还什么都不懂，就被父母牵着在法大校园走过，教她认研究生院"法治天下"石碑上的字迹。那一天，王颖昕和姥爷、姥姥、妈妈在中国政法大学校门前拍了一张合照。这是王颖昕第一次同家人一起站在法大校门前拍照，但不是唯一一次：2014年，王颖昕考入中国政法大学，新生报到日，郭树松、王振力、王颖昕——姥爷、爸爸、外孙女三代法大人齐聚"中国政法大学"牌匾前合影留念。

法大之于王颖昕，少了许多陌生，多了几分亲切与温柔。长辈们常在茶余饭后说起法大，细数政法往事，展望法大未来，"氛围总是温暖平和的，融化在日常生活中的琐碎中，法大也是总是亲切的，没有成为高不可攀的目标"。而对于考大学，王颖昕的家人其实十分包容，他们虽然有让王颖昕"女承父业"的希望，但从不曾直白地要求她一定要考中国政法大学。2014年夏，或许是机缘巧合，或许是命运安排，王颖昕被第二志愿中国政法大学录取，成为名副其实的"法三代"。

一直以来，法大像是王颖昕的一个未曾谋面的老朋友。当她真正成为一个法大人后，那十分钟可走遍却五脏俱全的校园、那高耸的教学楼，对于王颖昕来讲都是亲切的，正如她所说，有着"满满的安全感"。"我和爸爸同样住在梅园，在同样的教室里读书；我实现了妈妈曾经的理想，走进了许多法科学生向往的地方"，王颖昕写道。从一团孩子气时被姥姥姥爷抱去参加六三级的同学会、听老一辈感叹世事，到十年寒窗尽徜徉在法学汪洋；从熟悉法大的法学稚子，到组成法大的法学学生、法学从业者。

跨越半个世纪的法大情怀：三辈相守，血脉相承

"法大人"的身份冠于王颖昕的头顶，也联结着一家三代的血脉亲情、校友深情。

循着父辈走过的路，王颖昕度过了自己的四年法大时光。她说，法大教给她的，不只是广博深厚的法学知识，更多地，是要她在摸索、磨砺和反思中渐行渐远。而以她第三代法大人的视角来看，他们家祖孙三代的四年大学时光因岁月相隔久远以及个体的不同，并不完全相同。时代的烙印如此分明。每逢佳节聚首，一家人说起经年时光打磨出的这些今昔对比，王颖昕说她总是讶异，姥爷和父亲更多的则是感慨：从1963年到2014年，历经半个世纪，法大由学院路到昌平校区，由北京政法学院到中国政法大学，由政法两个专业到人文、经济、外语等专业逐步涵盖，由年轻的不甚知名的学校到如今全国闻名的法学学府。王颖昕坦言，这样的巨大变化，让她一度几乎找不到父辈所在的那个学校的影子——现在的法大与父辈故事中的大学究竟在何处重叠？那个熟悉的旧影逐渐模糊，原地却留下一种精神内核默默闪光。旧的楼推倒，新的楼矗立，刑、民、诉讼、知识产权……一部部法律出台，一代代法大人的课本变了又变，课程愈加丰富多彩、活动愈加繁多、眼界愈加开阔，[1]法大人的心境却是如一不变地澄净通明。从郭树松、王振力到王颖昕，从姥爷到外孙女，三代岁月变迁，人来人往。恰如一届又一届法大人来了又去，罅隙间春草几度枯荣，法大始终留在原地，向新一代的学子敞开温暖的怀抱。

让我们把镜头定格在2017年中国政法大学65周年校庆纪念

---

[1] 内容改编自王颖昕："一生与你同行——三代法大人的故事"，载《中国政法大学校报》2016年5月16日，第3版：学府学人。

大会，王颖昕精彩的发言结束，观众席上掌声热烈响起。思绪翻飞间，观众席上的郭树松，发言台上的王颖昕，以及此刻身不在法大、心却记挂着这里的王振力，祖孙三辈品味着各自相似又不尽相同的法大回忆，以同一个身份，感叹这命运安排、血脉相承的校友情。

王颖昕曾感动于法大与法大人、法大人之间那不可分割、藕断丝连的微妙联系：一代代法大人大多只在法大度过了生命中并不算漫长的几年，他们来了又去，看似除一技之长和一夕回忆之外了无痕迹，就像滴水之于河川。

然而，你细细看，清流之中不是早有沉淀？那沉淀浮旋、凝结、积蓄在法大这条河流中，在每一个饮过河水、又还水于川的人身上留下了独属的印记。这河流融汇起的，又难以三言两语言明的，正是法大的魂。而那些昔日同源饮一口甘洌、来日还一捧清水的人，有着一个共同的名字——法大人。[1]

---

[1] 内容改编自王颖昕："一生与你同行——三代法大人的故事"，载《中国政法大学校报》2016年5月16日，第3版：学府学人。

法大达州支教队：山那边的新年故事[*]

贺翼清　李小趣

法大人的专属假期有几款？实习？兼职？备考？还有支教！每每到了假期的头几天，法大的南门前总会集结一支又一支的支教队伍，他们不再有考试周的疯狂与狼狈，神采奕奕，整装待发。据不完全统计，法大 2018 年开展支教活动 376 次（含常规支教和远程支教），累计志愿时长达数万小时。他们走上讲台，告诉孩子们："哪怕只有方寸的宽敞，也要奔向阳光洒满的地方。"

法大达州支教队是数支支教队中普普通通的一支，也是数支支教队的缩影。2017 年 1 月 8 日，法大达州支教队在队长李维龙的带领下踏上了去四川的旅程。满满当当的行李箱，辗转西直门一个多小时的地铁，2042 公里、22 个小时的绿皮火车，4 小时的"山路十八弯"。从北京昌平到四川大沙，20 位法大人在陌生的山那边度过了一个难忘的新年。

因为爱，所以西行

生命中遇到每一个人都是缘分，每一份缘分都可能对自己的人生产生不可思议的影响。当 20 个年轻火热的青年翻山越岭来

---

[*] 作者：贺翼清，中国政法大学国际法学院 2016 级本科生；李小趣，中国政法大学光明新闻传播学院 2015 级本科生。

到大沙，这份缘分已在他们的心里留下了深深的羁绊。每个人都会有自己的旅程，他们当中的每一个人都期待着自己能成为山区孩子们人生路上不一样的一段旅程。

刑事司法学院的林尤展第一次站上讲台，就被孩子们的天真可爱触动：三年级的全体学生为了欢迎老师，一齐唱了《宠爱》，奶里奶气的声音，让她的紧张消散得一干二净。

去年参加过四川支教的队长李维龙则在这些孩子们身上找到了一份熟稔——孩子们顽皮打闹，小男孩把窗帘破布裹在身上演大侠，还有走廊上的奔跑追逐，这些画面在这里日日上演。相比其他队员的"温柔"，李维龙觉得，他在孩子们眼中一定是个严厉的"教导主任"，他每天要调解学生们的矛盾，磕了碰了，打架了哭了，他都要和孩子们谈，告诉他们什么该做什么不该做。

孩子们对老师们的到来分外欣喜。"第一眼觉得大哥哥们很凶，还是大姐姐们和蔼可亲！"大沙小学五年级的赵薇调皮地说道。而在之后的相处中，小朋友们和哥哥姐姐们共同学习、玩耍，在一天天的相处中慢慢熟悉。同样来自大沙小学五年级的于炅和哥哥姐姐们玩了"贴膏药"的游戏后还笑称，"哥哥姐姐追不上我们"。调皮捣蛋是孩子们的天性，与孩子们待久了，队员们觉得自己小时候调皮捣蛋的那一面也渐渐回来了。

同时，队员们也感觉到孩子们对他们越来越亲热，越来越依赖。每天早上都有孩子塞零食，每个课间都有孩子缠着玩游戏，每个人都追着要签名……"感觉每分每秒他们都想要围绕着你"。

愿你拥有一片蓝天

随着接触不断加深，队员们逐渐发现，仅仅讲述课本知识是不够的，他们像个"小家长"一样，为孩子们的未来感到深深的忧虑。来自光明与新闻传播学院的岳云教的是八年级，他发现，有些孩子并非如他所预想的那样积极、上进，渴望走出大山，渴望全新的生活。早已习惯了在山里的他们，农活甚至比学业还重要，这里的生活似乎已经成了他们人生的局限，毕业后考不上高中就要面临辍学、打工，哪怕是考上了高中也很有可能因为经济原因选择为生计奔波，令人痛心。那些骑着电动车、抽着烟的孩子们，他们中的一部分读完初中就要步入社会，家境稍好些的可能帮着家里经营小生意，差些的也许就要将一辈子挥洒在庄稼地之中。

在法学院张玠看来："去告诉孩子们外面的世界是什么样，就像告诉十年前的自己，心有所向，才能走得更精彩！"大多数成员都是"怀揣鸡汤"，希望能在课堂上、在与孩子们的朝夕相处中给予他们动力和勇气。

在商学院黄自力的课堂上，书本知识不再是重中之重，他讲述了许多大山之外的风景，给他们介绍走出大山的人和故事，希望能够帮他们开阔眼界，让他们感受到不一样的生活，激励他们奋发向上，考上大学，走出深山，亲眼去看看外面更广阔、更精彩的世界。

这里的孩子们也幸运地遇见了一群愿意给予引导和帮助的大哥哥大姐姐，他们的故事在这个冬日，不断升温着。

和你在一起，别样的新年

随着"年味"越来越浓，大沙的家家户户都挂起了红灯笼，贴上了对联。孩子们也开始期待新衣服、压岁钱，更期待着在新一年能有新面貌。

　　旧年的最后几天，支教队早早准备了春节特别活动——趣味运动会和棋王争霸赛。趣味运动会中，八年级同学在"输了就加一节数学课"的"恫吓"下赢得了拔河比赛，获得满场欢呼；双人跳绳接力中，小朋友们"左手右手一个慢动作"，滑稽的动作让所有人都笑作一团；在丢沙包比赛中，大家为了胜利齐心协力，奋不顾身地"拦截"沙包……孩子们和队员们打成一片，欢声笑语，好不热闹。而在棋王争霸赛中，夺得"状元、榜眼、探花"的孩子们在颁奖礼上举着证书，在同学们敬佩的目光和父母的夸赞中挺直了胸膛，好不骄傲。

　　离春节还有八天，支教队即将告别美丽的大沙和可爱的孩子们。告别以精彩的文艺会演开始，歌舞、话剧、小品……孩子们稚嫩的表演中满溢着努力与投入。会演结束后，队员们与孩子们交换了新年贺卡，孩子们的贺卡中写满淳朴与诚挚，用他们本就认识不多的字述说着他们对这些老师们的喜爱和感谢，用简单淳朴的语句表达了他们对这个世界最朴素的善意和热爱。而初为人师的支教队队员们亦期望孩子们能在新的一年中学业有成，以后能走出大山，见识到外面更广阔的世界。

　　面对离别，达州支教队队员们的不舍化作一曲《再见》："九天，我们看到了你们的活泼和可爱，也看到你们的淘气与顽皮。聚散终有时，你们都要健康开心快乐地成长，我们会记得你们。"为人师九日，达州支教队得到了感动，留下了思念。迎接新春的炮竹声渐渐响起，支教队收拾好行装，踏上了归途。

五人小组:"司考"路上的伙伴*

杜 芬

每年盛夏来临,空气中弥漫着一丝紧张的气氛,法大校园中总会出现许多认真备考的身影。2017年,末代"司考"来袭,让焚膏继晷的法大学子们神经愈加紧绷。日夜轮转,节气更迭,潜心学习的法大学子们,正在用自己的方式面对新一轮的人生挑战。

故事背景

国际经济法学院2014级王芳、顾盼、严晨、姜张英、张震颖五个人在法律职业资格考试、硕士研究生入学考试的双重压力下结成互助小组,回望"司考",偶然组队复习考试的五人都有点"不真实"的感受,她们互享资料,相互鼓励,备考的压力逐渐化为前进的动力。所有的付出与回报成最大近似的正比,最终,五个人以均分430分的成绩,顺利通过"法学第一考"。

偶然组队

早起晚归、三点一线的"司考"日子就这样悄然袭来。所有

---

* 作者:杜芬,中国政法大学国际法学院2016级本科生。

法科学子不得不面对的法律职业资格考试，15门课、四个部分、三个月左右的复习时间、不高于17%的通过率……六月的期末考试之后，法大学子转身便投入了司法考试紧锣密鼓的复习中。

王芳、顾盼、严晨、姜张英、张震颖五人开始孤军上阵，心理的压力随着时间的流逝越来越大。在过去的三年里，姜张英和顾盼两人只能称得上是微信好友，备考的这段时间里，她们在楼道里无数次擦肩而过，偶然的机会发现彼此都没心力再背下去，大呼背得好辛苦，这是两人第一次在现实中进行对话。此间的半个月，姜张英和张震颖一直在同一时间、同一位置背书，她们互看对方扭曲姿势背书的样子相视一笑，这是两人同班三年来最默契的内心交流。

五个人相同的复习节奏和共同的目标拉近了彼此的距离，但没人讲得清楚为何、如何聚成一个小队。姜张英玄乎地描述道："大概和谁组队跟恋爱一样，看缘分，强求不得。"但是默契就这样形成了：她们在固定的教室一起刷题、在相似的位置一起背书、在不变的饭点一起讨论、在回宿舍的路上一起嬉笑。

以前独自复习时，五个人都有这种感受：每每刷题都感觉没有学到任何东西，容易产生挫败感，甚至浪费一点点时间就会产生自责的情绪。组队后，有了可以共同分享的人，每个人的压力都被均匀地给了五个个体，大家的情绪变得更加稳定。

"1+4"的备考收获

严晨回想起三个月的备考，发现每个人都多多少少地存在一些差点过不去的"坎"，对她而言，尤其是考前十几天，刷大量真题却依然错，想着也许是因为没背书，可却又总记不住。她在窗台捂着脸就哭了起来，幸而姜张英及时安慰了她，严晨很庆幸，"如果没有张英的话，我可能就弃考了"。

虽说没有特地去"挑选"成员，但是偶然组队之后才发现，小队的五人各有各的特色，相互之间磨合得非常顺利。在复习的过程中，姜张英发现了一个"法考白皮书"，感慨编者惊为天人，在楼道一碰到小队的成员，就迫不及待地分享给大家。没有人藏着掖着，相互扶持的感觉给小组成员带来了很多安全感。

复习到极度压抑的时候，欢脱的姜张英会撺掇大家出去吃饭，边吃边聊复习状态和过时的八卦，互相"嘲讽"着彼此未完成的目标，绷紧的复习压力和积攒的焦虑便和盘中餐一同消失。

每晚洗漱的间歇，五人会聊一些关于当天刷题遇到的疑惑。在一次关于物权题目的讨论中，谁也说服不了谁，但是姜张英照着参考答案解析，终于厘清了思路并说服大家。事后，当她不放心地再次查证时，却发现是参考答案出现了错误。回忆起这件事，五个人笑作一团。

考前一天，五人在楼道合照留念，"即使过不了，也拍照纪念一下"。姜张英在大爷的清场声和楼道渐灭残存的灯光里走出端升楼，脑海里回荡着一位同在楼道复习的师兄的一句玩笑："感觉我们这个楼道复习的人都能过。"

感谢陪伴

9月17日下午5点半，最后一场"卷四"考试结束，当双腿跨出考场门槛的一刹那，仿佛背了百余日的重担突然卸了下去一样，轻松感不言而喻。

顾盼走出考场后直奔宿舍，宿舍里一片安静，有的同学鞋子也没脱就躺在床上，有的同学趴在床上，有的同学靠在桌边玩着手机，但没有人说一句话。姜张英与舍友们则刚好相反，笑闹、蹦跳，直到蹦不动了躺在床上，姜张英突然玩笑似的背起了法条："我国民法规定：代位求偿权……善意第三人……"背着背着，眼泪就流了下来。

回望司法考试，小队的五人都说，常感觉自己只有前路，没有后路；只有崇山峻岭，没有坦途捷径；只能脚踏实地，却不敢奢望轻松通过。虽然备考的那三个月忐忑而艰辛，但是又是那么真实而又难忘，所有的付出与回报成最大近似的正比。

如果旅途必然充满艰辛，那么拥有可依的希冀和相互扶持的队友，便是莫大的幸运。不管结局如何，我们都应在故事的结尾感谢彼此的信任、坦诚。

枯燥单调的备考无非是朝七晚十，各加半点，日子重复了一次又一次后，最令人感动的不过是曾经互相给予的陪伴。法典厚重，春秋匆匆，上下求索，帷幕重重。司法考试路上的伙伴彼此间的信任与帮助都给予对方最大的力量，是同甘共苦的默契，是各抒己见的认真，亦是临考收获的满满祝福和加油。

何其有幸，有你为伴。

立从戎报国志 做榜样法大人[*]

王　凤

　　和许多人一样，小时候看到穿军装的人，就觉得英姿飒爽，真好看，于是梦想自己有一天也能穿上一身军装。随着年龄增大，也逐渐认识到军人远比我们想象中的更加厉害，除了那身酷酷的军装，还有过硬的军事本领：武装3公里、射击、投掷手榴弹、徒步行军、野外驻训，还有更高大上的开坦克、装甲车，发射导弹，等等，这样的戎装岁月，谁不羡慕呢？作为一个"湘妹子"，湖南深厚的红色文化也一直感染着我。小时候，一曲《浏阳河》是长辈们口中的"流行乐"，也成为我的"摇篮曲"，让我从小就对红军有了崇高的敬意。然而这只是我参军梦想的萌芽，真正的启航是在2017年那个特殊的年份。

立志报国　不负韶华——参军梦想的启航

　　2017年5月3日，在中国政法大学建校65周年前夕，也是五四青年节到来之际，习近平总书记到法大考察，他强调，中国的未来属于青年，中华民族的未来也属于青年。当代青年要树立与这个时代主题同心同向的理想信念，勇于担当这个时代赋予的

---

[*] 作者：王凤，中国政法大学社会学院2015级本科生，2017—2019年参军入伍，服役期间荣获"优秀义务兵"两次、嘉奖一次、个人三等功一次。

历史责任，立志勤学、刻苦磨炼，在激情奋斗中绽放青春光芒、健康成长进步。习总书记的讲话让我深受触动。对啊，青年就得树立与这个时代同心同向的理想信念，勇于担当时代重任，做时代的弄潮儿。就像《强军战歌》的歌词写的一样，"听吧，新征程号角吹响，强军目标召唤在前方。国要强，我们就要担当"。于是我坚定了响应祖国号召、投笔从戎、到祖国和人民最需要的地方去的决心——报名参军。

苦与累——浇铸军人本色

2017年9月22日，我随接兵干部去了祖国海拔最高的青藏高原，到青海西宁进行新兵集训。我们单位属于火箭军最艰苦的部队之一，新兵入伍教育的第一课就是让我们继承弘扬高原火箭兵精神：扎根、过硬、奋斗、奉献；海拔高，工作标准要更高；氧气少，奉献精神不能少；环境苦，更要苦干不苦熬。因为正碰上改革，以往的三个月新兵集训改为六个月，前三个月学习军事基础知识，主要是进行以队列为主的军事训练，后三个月学习战术及通信兵专业基础知识。这六个月的集训生活，是当兵两年最难熬的时光。我们当时的作息时间是，早上6点半吹哨起床，晚上10点熄灯睡觉。我刚到西宁的那天，正好是晚上10点到的，到炊事班吃了晚饭，就回去洗漱睡觉了。当我躺在床上时，想着自己每天可以睡8个多小时，感觉自己真是太幸福了，毕竟在法大，一天能睡8个小时的日子太少了。结果第二天早上，4点半我就被同年兵叫起来了（同年兵就是指同一年入伍的战友），当时还挺纳闷，怎么这么早就叫我起床，但我还是跟着她一起抱着被子和衣服去了走廊，当时走廊已经有很多同年兵了。出于好奇，我问她："咱们怎么起这么早啊，还只有 4 点半呢？"同年兵说："不早了，要叠被子就得早起。"我心里仍旧疑惑丛丛："叠被子需要起这么早？"跟着战友学了学，我就开始自己捯饬我的被子了，感觉没过多久，战友叠完被子边准备抱到床上边提醒我："王凤，你得快点了，已经快六点了，我们还得打扫卫生呢。"我当时挺震惊的，没想到这么快一个半小时就过去了，而我的被子还完全没个"豆腐块"的模样。战友也看不下去了，过来帮我整了整，之后我就给抱到床上去了。到了 6 点 40 分，我们就集合到外面出操跑步，才刚跑了两圈我就在喘粗气了，西宁的 10 月天气已经很冷了，再加上高原，空气稀薄，跑步特别费劲。这时我们整齐的队伍也开始松散了，班长喊道："坚持住，不要掉队，掉队一个人，我们就加跑一圈。"听到班长这句话，我咬牙跟上，想着怎么也不能连累别人啊。早上总共围着营区跑四圈，也就两公里左右，但是感觉还是挺累的，自己坚持跑完了心里还是挺有成就感的。

　　白天我们进行队列训练，队列训练最开始是站军姿，从刚开始的 5 分钟到后面的 10 分钟、半小时甚至更长，每次站完都是两腿僵硬，两手发麻，全身都是汗，有的身体素质不好的女生，刚开始学站军姿时站 10 分钟就开始头晕了。对于我来说，最害怕的也是站军姿，我刚去的时候有点驼背，而站军姿要把背挺直，那种感觉真的太难受了。但是两年下来，部队的队列训练帮我纠正了驼背这个毛病，现在想想，我这个兵当得也真是太值了。

　　每天的生活除了队列训练就是干一些很琐碎的事情，比如洗碗、帮炊事班洗菜，每天早上、中午都要练习叠被子，打扫室外和室内卫生，尤其是宿舍卫生一天必须至少打扫七次，无论哪个地方都不允许有灰尘，各种物品摆放必须一致。在手机使用方面要求也特别严格，新兵集训时期每周只有周六休息，所以也就每周六才能用手机十分钟。每周也只有周六可以吃零食，当时只能到部队的小超市买，零食的种类也特别少，对于我们来说，"大白兔"就是特别好吃的零食了。当时的生活可以简化为睡觉、吃饭、训练、上教育课、叠被子、打扫卫生、看新闻，偶尔还能看个电影。

  这样的生活看似很乏味，但战友之间的感情却因此慢慢建立起来，我们一起吃饭，一起干活，一起在训练场上挥洒汗水，一起在俱乐部谈天说地，一起挨班长批评，一起开心玩耍。无论是开心的、不开心的，我们都一起经历、一起承受。网上之前流行一句话：世界上最遥远的距离就是我在你身边，而你却在玩手机。战友情之所以这么难忘，就是因为苦与累都一起经历，酸与甜都一起品尝，是一种同甘共苦的陪伴，而不是手机两端我与你那生硬的文字沟通。虽然这六个月的生活很累也很平淡，但却也是最美好的时光，让我体会到了浓浓的战友情，同时也让自己心境更为平实，更加有耐心，能静下心来做一些细微之事，去感受平凡的力量。平时的训练是为了日后更好地战斗，"宝剑锋从磨砺出"，平时潜心砺剑，需要时才能昂首亮剑。勤勤恳恳、踏踏实实干好每一件小事，才能在日后的战斗中展现锋芒。事实上部队的生活更多时候是平淡、是默默付出、是一种对信念的坚守。

军营大舞台——毅力与胆识的真正较量

  新兵集训完，我从西宁分配到甘肃，开始了最忙碌，也最丰富多彩的生活。在这里我开始了通信兵岗前培训及跟班训练，专业是话务员。什么是话务员呢？官方的介绍如下：常年担负面向全军首长机关和部队官兵的电话接转任务；是军队的传令兵，全时值守，三尺机台就是我们的战场，我们被形容为"首长的耳目，军队的神经"。具体来说，话务员需要掌握"脑""耳""口""手"四功。第一关，脑功。要求话务员牢记一千多个号码，在机台上有电话时，做到3秒钟内应答，并准确地报出用户查询的号码、人名或者职务。在岗位集训时，我们每天都要背一百多个号码，为了完成任务，我们吃饭、走路、上厕所、叠被子等，只要有机会能背号码，我们都在背号码，晚上加班到两三点也正常。第二关，耳功。耳功最重要的就是"听音知人"，它要求话务员在重要用户拿起电话说了声"喂"后就得分辨出这是谁。当时我们每天都要到训练教室去反复听这些用户的声音，总结他们说话的特点。第三关，口功。要求话务员能够说出一口流利的普通话，同时掌握恰当的语速、语调、音量，还要给用户一种"微笑服务"的感觉。为了达到这一效果，读报纸、对着镜子练习表情和口型成了训练常态。第四关，手功。要求话务员熟练使用五笔打字，熟练在接转电话中运用键盘的各项操作，到后面120字/分钟的速度已经算是"小菜一碟"了。"脑功活、耳功清、口功热、手功巧"是话务员最基本的业务要求，而要学好这项基本功，只有一个字："练！"反复练，无论是号码、声音辨识、打字、流利的口语，都不是一朝一夕能做到的事，只有反复练习，才能出效果。为此，我们常常加班到深夜，凌晨睡觉都是家常便饭。对于一名话务女兵来说，专业技术就是才华与素质的体现，即使再辛苦，大家也都甘愿熬夜加班练好专业技术。身为法大人，我告诉自己，在军营我也要给法大增光添彩，那么把通信专业技术学精就是我展现法大人风采的最好舞台。话务专业一个月培训结束后，我取得了最好的成绩。之后，排长就安排我第一批去机房跟班长学习机上操作，我们管这叫跟班。我当时花了一个月的时间完成了跟班，成为第一个能够独立值勤的新兵，有些同年兵花了两个月或者三个月，还有的花了半年多的时间才完成跟班。因此我受到了营连领导的关注，也让单位更多的人知道，有一个战士是中国政法大学的。

有挑战性的生活也是从担负值勤任务开始，作为一名话务员，我们要做的是 24 小时全时在位，保障通信迅速、准确、保密、不间断。平时值勤压力就比较大，在老兵退役时，值勤人员更是紧缺，几个月早晚连轴转也很正常。除了专业训练，军事训练也少不了。例如百公里徒步行军，每天要走三十多公里路，一天下来，就起了满脚水泡，第二天、第三天走起路来更加艰难，更依靠意志力。打靶射击、投掷手榴弹也是必训科目，或许很多人听起来会觉得这多刺激啊，这有什么难的呢，但是事实上每一次射击、每一次手榴弹投掷，其实都是对自己的一次挑战，要让自己克服心理压力，沉着冷静打击目标。除此之外，平时的三公里、仰卧起坐训练科目就更是训练常态了。

正是因为部队在专业上要求不厌其烦、精益求精，在军事训练上要求挑战自我、不断突破，才能让一个人在意志力和身体素质上得到全方位的锻炼，既锻炼体魄，增长本领，又让自己心境更加坚毅，多一份成熟与稳重。

为荣誉而战——让青春色彩更加绚烂

这两年军旅生涯，最值得一提的还是我参加的比武竞赛。这个比赛为我提供了一个展现话务女兵风采的舞台，也让我获得了军人崇高的荣誉。

火箭军在今年8月份组织了信息通信专业比武竞赛，而去年火箭军12月份下发的文件上通知比赛是在今年10月份举行，这也就意味着9月份退役的人是没法参加比赛的。所以当时单位统计了我们的留队意愿，我选择了不留，虽然营连领导都希望我能参加，但是也只能挑选一批打算在部队长干的人进行比武集训。而我则开始了自己的带兵任务，从12月到3月，整整3个多月的带兵时光，极好地锻炼了我的组织领导能力。到今年三月份带兵结束后，我又被选进了比武集训队，当时是为了准备基地的比武竞争，但目的还是选拔出参加火箭军比武竞赛的人选。而在集训中途的4月份，火箭军又更改了比武竞赛时间，改为今年8月底。当时我们集训队的队长就特意把我叫过去，指了指文件上的时间说：好好训练，时间改到8月底了，你到时候是要代表单位去参加火箭军的比赛的。队长的这番话让我特别感动，没想到领导这么认可自己，但同时也让我感觉压力很大，毕竟是火箭军的比赛，那都是高手之间的对决，但是对于一名军人来说，荣誉就是第二生命，见第一就争，见红旗就扛，这才是真正的军人。所以我暗下决心：必须代表单位去争荣誉。

集训从3月底开始，到8月底结束，总共五个月。在这五个月的集训中，每天唯一的任务就是训练，从早上6点半开始训练，除了早餐时间，一直训练到11点半吃午餐。中午午休半小时后开始训练，除去晚餐时间，一直训练到晚上12点，最后我们还会自己加班到凌晨一两点。每天的训练都是重复地练习话务员四项基本功，而训练量却很大，总体来说也很辛苦，所以在训练过程中，首长多次过来慰问我们，给我们加油鼓劲。但是怀揣必争荣誉的信念，铆着这股劲，每次训练我都加班到最后才回宿舍睡觉。牙疼了两个月也不想耽误训练时间去医院看看。为了在加班连轴转的训练中保证自己的身体素质跟得上，每天我都去跑三公里。我最终代表单位去参加了火箭军的比武竞赛，皇天不负有心人，我们单位取得了团体第二的成绩，我取得了个人单项第二的成绩并因此荣获个人三等功，意外地也成为法大第一位荣获个人三等功的女兵。

现在回过头来看这次比武竞赛，我感触很多。家中曾有长辈相告：如果你一个人走，你可以走得快；如果你和一群人走，你可以走得远。在参加单位组织的集训及火箭军组织的这场比武竞赛中，我对这句话深有体会。其实在训练过程中，我也偷懒过；面对成绩的波动我也失望过；面对强大的对手我也害怕过；但是我从来没有放弃过。或许这就是这场比赛带给我的宝贵财富——绝不向困难低头，绝不轻言放弃。与战友一起加班熬夜训练，让我感觉到苦中的甜，味道真好，尤其是在一起拿到奖杯后，我感觉有他们，真好，真幸福，而这就是集体的力量。聚沙成塔，积水成渊，个人的力量会以集体的形式呈现得更强大，是集体成就了我。

这两年军旅生涯，让我对人生有了更多的感悟：在和平年代，作为一名军人，我们更多的不是上阵杀敌，不是参与抗震救灾、抗洪救灾等一系列抢险救灾任务，而是勤勤恳恳、踏踏实实干好每一件小事，从点滴做起，从平时做起，在位一分钟干好60秒。就像祖国刚刚举办的新中国成立70周年庆典，我们都没有穿上军装成为其中光鲜亮丽的一员，但是当我们作为一批有志青年走进军营，为祖国站好一班岗，为祖国握好一把枪时，我们就是人民的骄傲，是法大的骄傲，是父母的骄傲。又或者我们作为法大学子，刻苦学习，掌握更多知识，将来为祖国的建设奉献一份力量，给家人提供更好的生活环境，我们也是祖国的骄傲。又或是在某个工作岗位上默默奋斗、干好本职的人们，他们也是祖国的骄傲。爱国，不一定是上阵杀敌、保家卫国，也可以是为祖国的建设贡献我们的智慧与力量；实现人生价值，不一定是作出多伟大的事情，也可以是在平凡岗位上干好每一件小事，而能做到这一点就已经让人肃然起敬了。

部队给了我成长成才的平台，让我打磨出一个更好的自己。在今后的日子里，我要继续发扬部队优良传统、高原火箭军精神，保持军人本色，砥砺前行，做一名优秀的法大人。

邂逅海子

张晓娟

昨夜的时光已经逝去了,却遗落了一场梦,住在我的回忆里。

梦中……

一

"同志,你的书忘了拿了。"沙哑的声音在我的身后响起,像是错落了时空,才到了我的耳朵里,空气里仿佛停了几许尘埃。

黄昏的光稀稀疏疏的,透过玻璃,洒进了教室,我回头的时候,恰好看到一个青涩的青年,夕阳把他的脸衬托得更加青涩。一头长发凌乱地装点着他的脸,却使他显得忧郁。

"哦,那是我的。"我简短地回应了他的好意,便拿起书,转身走了出去。

这本书,名叫《瓦尔登湖》。

二

学生们都静静地坐在座位上,等待着上课,上课铃还没有响

---

* 作者:张晓娟,中国政法大学民商经济法学院 2016 级本科生。

邂逅海子

的时候，我们等待的新老师走了进来，我开始郁结，竟是昨晚的那个青年。

一整堂课，我的脸红红的，后悔昨天黄昏时分竟对老师那般态度。谁能想到，那个青年，竟然会是我们的美学教授，查海生。

课后，同学们都走了，唯独剩下我一个人，坐在原来的位置上，想着自己的事情。

一直坐在那里，天空逐渐被一层黑色的纱遮住，我的心，竟毫无感觉。那颗有主见的心随意飘着，飘在了查海生的发丝上。

三

那个青年一直住在我的心里，是崇敬，是信服，唯独不是爱情。

从那首诗歌开始，很多人都叫他海子。

"亚洲铜，亚洲铜，击鼓之后，我们把黑暗中跳舞的心脏叫做月亮。"我的日记本上，竟然记满了他的诗歌。

他与周边的一切都格格不入，似乎上天就是给了他一颗厌烦尘世的灵魂。

后来，海子不来上课了，同学们都在说，海子去青海、西藏等地流浪去了。而我暗自会想，也许他去的那些地方，会有带他入世的人，减少他身上浪漫的气息，让他和世界融为一体。

四

他的死讯传遍了大半个中国，而听到死讯的我，趴在桌子上，仿佛经历了一场灾难，我飘在他发丝上的心回来了，像是泡过了泪水，我用我仅存的一点儿理智尝了一下，是苦涩的。

海子把一生过成了诗歌，连他的离世，都让世人慨叹。

但只有我知道，他的一生是悲凉而孤独的。

五

突然我醒来了，坐起来，正看到书架上摆的一本书，昨夜才读过的，叫"海子的诗"。

这场梦如此完好，仿佛在同一个空间，不同的时间，我真的和这个孤独的诗人有过邂逅。

法大精神，绚丽篇章*

高思雪

2018年1月31日，乍暖还寒的初春，在那个思绪复杂又脚步匆忙的毕业季，我以参观者的身份，初见法大——中国政法大学，曾是我高中时代梦寐以求的高等学府，奈何当年阴错阳差，我未能如愿以偿进入它的怀抱，如今若有机会在它的羽翼下工作，也算上是圆了自己的一个法大梦。

凝视着邮箱里的邀请函，落款人是法大——C老师。可看着屏幕上发过来的地址——"法大法庭科学技术鉴定研究所"，地图上显示的位置并不在中国政法大学校区内，我暗自困惑：既不在法大，为何又挂着法大的旗号？第二日清晨，怀揣着心中的种种疑问，我走进了这座庄严的大楼。和C老师的第一次见面，倍感亲切，给人一种如沐春风的感觉。而这次参观也不是我想象中的走马观花，而是C老师亲自带领我，仔细参观了每一个楼层，每一个实验室，细细给我讲述每一处的职能所在。终于，我忍不住在三层拐角处驻足，问出了一直困扰我的问题："C老师，咱们这儿属于政法大学吗？"听到此处，C老师转身冲我微笑，放慢了语速，一字一顿地说："法大鉴定所是中国政法大学证据科学研究院下设立的教学科研单位，在2010年被中央政法委遴选

---

* 作者：高思雪，2018年入职中国政法大学证据科学研究院。

为十大国家级司法鉴定机构之一；我们只是办公区不在校园内，但我们同属于中国政法大学，我们都是法大人！"斩钉截铁的语气，瞬间打消了我内心所有的疑虑；坚毅自信的神情，更让我深刻地体会到，能够成为一名法大人，是一件让人多么骄傲和自豪的事！

参观结束后，我们来到一间会议室。随着钟表上指针滴答滴答的浅声吟唱，C老师为我详细讲述了法大鉴定所的职能以及作为法大鉴定人所肩负的责任："九大鉴定项目，主要面对社会公检法机关；作为第三方鉴定机构，面对每一个案件，既要懂得如何规避风险，又要明确我们是否能够真正为委托方解决问题；作为鉴定人，在法大鉴定所，我们头上顶着国家级的名号，就要时刻以最高的标准要求自己，就要把工作做得比别人更细；每项鉴定必须严格按照标准开展工作，我们追求的是事实，而不是致力于作出委托方想要的结果，我们的鉴定必须是公正的，是可以拿出来放在阳光下的！"

原以为这里只是一个普通的科研机构，却不曾想这份工作的背后竟拥有如此神圣的使命，正所谓"听君一席话，胜读十年书"，C老师的一席言谈，浩然荡气，深深感染了我，那天之后，立志成为一名法大人，也成为我毕业季的最高理想。

然而要成为一名法大人，又谈何容易。人常说"宝剑锋从磨砺出，梅花香自苦寒来"，能成为法大人的，不敢说个个是人中龙凤，也必然是要经过一番披荆斩棘的；在这条实现理想的路上，先后摆着两轮笔试两轮面试，16个岗位，523人应聘。可喜的是，也许是冥冥之中与法大的缘分，也许是所有的努力都真正得到了回报，一番竞争之后，我终于有幸成为一名"幸存者"，成为一名真正的法大鉴定人。备考参考历时四个月之久，回顾这段时光，其实怎会没有彷徨和退缩？回想整个历程，能让我一直勇往直前坚持到最后的原因，早已不是自己当初多么坚定的信念，真正鼓励着我的，是每次踏上"战场"之前，C老师给予的字字真切的关怀，从个人信息的填写，到备考的各个注意事项……每一次，都铭记在心，每一次，都让我感动不已。最记忆犹新、永生难忘的是，在我即将进入最后一轮面试的前一个晚上，已经出国访问、身在瑞士的C老师居然给我打了个越洋语音电话，历时17分钟的交谈，每字每句都直接撞击我的心灵，热情洋溢的真诚鼓励，事无巨细的殷殷嘱托，让我信心倍增，受益良多……我想，这也许就是我能够排除万难，没有中途放弃，亦没有被其他岗位吸引，最终取得胜利的原因所在！

在这期间我也曾认真学习关于法大的历史传承以及法大精神。C老师的关怀与帮助让我一下想到了法大校训："厚德、明法、格物、致公"。"厚德"强调为人，源自《周易》中的卦辞："天行健，君子以自强不息；地势坤，君子以厚德载物"，意在培养师生优良的公民道德、职业道德、政治道德，增厚美德，容载万物寓意人生要像天那样高大刚毅而自强不息，要像地那样厚重广阔而厚德载物。在充满诱惑与挑战的毕业季，C老师让我明白了什么叫做"德"，其实真的很简单，帮助别人不要求回报，就叫做"德"。C老师对我的无私帮助是校训中"厚德"的真实体现，他就是以这样默默无闻的方式，鼓励成就了我这样一个"法大新人"！

全面实现依法治国，是每一位法大人的最高理想，亦是法大人终生奋斗的目标。或许法大精神的可贵之处并不是因为它是悬浮在思想建设领域中的一块石碑，也不是因为它依托法大校训的存在，最可贵的应该是，在每一位法大人的身上，我们能够真真切切看得到它的存在，一代又一代法大人走向社会，在不同岗位上恪守信仰，践行法治，延续并传递着法大精神……而今日，我便是折服在法大精神下的一员。

　　法大为家，成为法大人，是我迄今为止最值得骄傲的一件事情。今日，我提笔把自己如何从一个涉世未深的学生，到在 C 老师传承给我的法大精神的鼓励下，成为一名法大人的故事记载下来；明朝，我将会把这份精神传承下去，用自己的全心全力努力工作，挥法律之利剑，持正义之天平，除人间之邪恶，守政法之圣洁，谱写法大精神更加绚丽的华彩篇章！

法大足协：绿茵内外　方寸之间[*]

刁皓璇　王蕙巧　蒙映蓉　卢斯凌

对于法大足协的成员们来说，谈论起在这里的点点滴滴，情绪就像是浇在橡木上的蜂蜜——散发着值得细品的芬芳，又蕴含着不为外人道的黏稠。但有一点始终不变：满腔热忱挥洒热血青春！

赛前任务，谁来认领

19点33分，这是金钰迪第三次点亮手机屏幕了。再一次确认名为"绿茵黑势力"的群聊里没有任何新消息回复后，他忍不住轻轻叹了一口气，一种熟悉的无奈感涌了上来。

半个小时以前，他在部长群里接到了要安排明天推送任务的通知，紧接着他联系了本周的代部长，让他们在群里发布任务。"@所有人，明天中午12:30在足球场举行五人制男足半决赛第二场比赛，有没有有空的小可爱领一下战报和推送的任务呀？"代部长们承袭了金钰迪发通知时一贯的风格，群公告的语气和善又俏皮，为了活跃气氛，还加了一个"柴犬偷看"的表情包，将

---

[*] 作者：刁皓璇，中国政法大学光明新闻传播学院2016级本科生；王蕙巧，中国政法大学刑事司法学院2018级本科生；蒙映蓉，中国政法大学刑事司法学院2018级本科生；卢斯凌，中国政法大学光明新闻传播学院2018级本科生。

发通知时的小心翼翼隔绝在屏幕之外。

金钰迪期待着在通知底下会有一个个成员积极地报名，目光在群聊的对话框里停留了近十分钟，然而，他的期待终究还是落空了。两个多小时过去了，在那个"偷看"的表情包之后，对话框里依然是一片令人尴尬的沉默。

第二天的比赛是五人制男足半决赛的第二场，这是一场决定谁能获得决赛入场券的战斗。对于2017级的金钰迪来说，在足协待了近两年的他怎么会不知道其中的重要性？现在距离通知发出已经过去了两个多小时，但明天的任务依旧没有落实。尽管无人应答，任务仍待认领。硬着头皮，金钰迪不得不采取"终极策略"：打开存有部员们课表的文件夹，让代部长们私戳那些第二天相应时段有空的同学，询问他们是否可以领取任务。

离熄灯时间越来越近，却没有任何消息传来，金钰迪变得焦躁起来。他在犹豫要不要自己出任务，但想到自己明天还要担任裁判，也就放弃了这个想法。当看到代部长群"任务已有人领取"几个字弹出对话框之后，他这才松了一口气，放下手机睡去。"毕竟快到结课周了，我也都能够体谅，自己以前也当过部员，也会有时间协调不过来的时候。"提及没有人领取任务，金钰迪丝毫没有责怪的语气。

在正午太阳的直射下，操场的温度早已超出了体感舒适度的区间。砖红色的塑胶跑道上，队员们互相帮忙套上队服，熟络地做起赛前准备活动。金钰迪已经换上了夏天穿的短袖，早早地来到了操场，一如既往地热情回应着向他挥手的伙伴们。

金钰迪是足协里为数不多的"非球员"，但是这却不影响他与足协成员建立友谊。他经常会给部员们带奶茶，对他们的辛勤工作表示赞许。"大家燃烧热情去做自己喜欢的事情，不求回报，但是也不应该因为所爱去消磨热情。在社团里，应该让他们感受到更多的温暖与归属感。"提及对部员们的好，金钰迪觉得这是理所应当的。其实足协里大部分的部门都是这样的，大家没有太明显的"老幼尊长"之分，但是只有一岁之差的师兄师姐们，仍然希望尽可能地给予这些"小孩"们最大限度的关爱与包容。大家因为对足球的热爱而相聚，也都很珍惜这样的缘分。毕竟，当年的自己也蒙受了前辈同样甚至更多的指引与鼓励。将这份如同家人般的感情传承下去，正是社团内部届届接力、代代团结的核心。

在比赛开始前，金钰迪认真叮嘱出任务的部员们战报需要重点掌握的细节，跟他们说好战报大致需要呈现的中心思想。简单交接完毕后，他拍了拍部员们的肩膀，表达了对他们的感谢之后拿起他的裁判哨，奔向操场。

哨声吹响，比赛开始。足球在场上飞快地穿梭，金钰迪的目光随着足球不断移动，尽量不错过每一个应该给出裁判的点。绿茵工作室的成员们也开始了他们的工作，这一刻，足协成员们、足球队员们的心绪皆为这一个被赋予了灵魂的足球而牵动着。

规则与你，互相尊重

参与竞技体育的同学们，往往都在赛场上不遗余力，他们以一种近乎挥霍的方式，将自己青春的活力、对足球的热爱，伴随着奔跑时溢出的汗滴，肆意地挥洒在绿茵场的每一寸土地上。万里无云，烈日当空，赛场上紧张得令人窒息，宋景臻专注地盯着场上球员的跑动，身体前倾作扑球状。在足球向他飞过来的那一刹那，他跃起腾空，用指尖将球挡出。

刑事司法学院2016级的宋景臻是刑司男足的一名守门员。不艳羡前锋的光芒耀眼，他觉得能够把每一个球扑出，也很值得骄傲。他回忆起自己作为球员的经历时，许多细节仍然像铜质印版上的纹路，清晰滚烫到能灼出烙印。三年前，宋景臻是一个不折不扣的"情绪型"球员。当他自认遭遇不公时，冲裁判喊叫是家常便饭，而在大大小小的争执中，他对其中的一次印象最为深刻。

那是2018年春末夏初的一场五人制比赛。宋景臻在场上和对方发生了冲突，裁判出示了他足球生涯的第一张红牌，他被罚下去了。他已经忘记了冲突的原因，不过他对被罚下之后的情景记忆犹新。他坐在场边，慢慢恢复了平静。比赛结束后裁判找到他说："你已经是一个老球员了，怎么还会犯这样的错误？"宋景臻感到很羞愧，其实他冷静之后就后悔了，他自己也明白不应该如此冲动，他只是一时难抑胸中怒火。

尤其是当上裁判之后，宋景臻对他们的理解更增加了一分。从一名普普通通的球员，到拥有一张"中国足球协会三级裁判员证书"，宋景臻看似只经历了两周的培训，其实这背后的转变远不止如此。那次的培训是由法大足协和昌平区足协合作举办的，也正是由于那次的培训，并非足协成员的宋景臻在机缘巧合之下主动报名，成为足协的裁判，并渐渐成为其中坚力量。

球场上最引人瞩目的当属球技精湛的球员们，然而很少有人会注意到，在比赛中体力消耗不亚于甚至超过球员们的，还有不时挥舞手臂、吹响哨子的裁判。但宋景臻坚持了下来，并乐在其中。每当足协举办比赛需要有人担任裁判之时，出于对足球的满腔热忱，宋景臻几乎一有时间就去帮忙。其实做裁判非常辛苦，每天中午比赛，经常下课就去了，根本吃不上饭。宋景臻有时候也会感到疲惫，但当足协缺裁判的时候，他仍然会拿出十分的工作精神，奔向球场。

付出了这么多，宋景臻也收获颇丰。"最大的收获是成长，"他坦言，"我之前只会以一个旁观者、一个球员的身份，看看这个球吹得好不好。后来我懂得了裁判有多么不容易"。现在宋景臻虽然激动的时候也会喊，但是喊得少了，因为他明白，每个裁判都有一份责任感，想把每一个犯规都看得清清楚楚，只是能力有限，偶尔会误判。这个时候他作为球员不会再去多计较，多了一份包容和理解。以他为代表的一批既是球员又是裁判的人，在场上会冷静理智许多。

除此之外，宋景臻也转变了角色，变成了一个劝阻的人。在执法女足的经历中，他遇到了和他的经历似曾相识的状况。他还记得在一场女足比赛中，判罚了一位球员的犯规。不太了解足球规则的大一新生，往往更容易对裁判产生误解。他吹哨，球员似乎不太满意，就泄愤一般把球踢开。宋景臻什么都没说，比赛继续。中场休息的时候，他已经疲惫不堪，但他没有忘记之前那位裁判对他的批评指正。之前他只是简单地把裁判的任务理解为出黄牌、判犯规，而现在他意识到了裁判具有更加重要的作用。他走到女足球员身旁，耐心地和她进行交流，告诉她场上的行为实属不该。对方报以羞涩一笑，连连道歉。宋景臻这时候发现，冲动的女足球员就像当年的他，激动之后回归平静，无理之后回归理智。也许裁判多一分友好，球员多一分理解，绿茵场上就会少一分硝烟味。此后，宋景臻在裁判时不再绷着脸装严肃，取而代之的是更多的微笑。多沟通、多交流、互相尊重、互相配合，在彼此态度友好的情况下执行判罚，成为他的信条。

哨响，胜利方的所有球员冲上球场，相拥狂欢。宋景臻擦擦汗水，微笑驻足观望，口哨在阳光下熠熠生辉。

战报就绪，分秒必争

16时50分，四大的下课铃声准时响起。从教学楼到宿舍的路上，人潮逐渐分散。多数同学三三两两地并肩走着，讨论着上课时的知识点或者是晚饭的安排。

陈璐迈不时地查看时间，在缓慢移动的人群中显得有些格格不入。这份轻微的焦虑并非空穴来风，按照一贯的流程，她需要尽快回到宿舍，敲完中午那场比赛的战报录音稿。其实她完全有理由不接下这项任务。工作群里的通知是前一天上午发布的，陈璐迈看到消息时已经是两个小时之后的事情了。比赛依然是在第二天中午12点半开始，对于满课的陈璐迈来说，接下任务就意味着连原本只够喘口气的午休时间都必须放弃。

出于担心，陈璐迈在傍晚的时候再次打开了微信，置顶的群聊信息并没有新消息的提醒。此时距离通知发布已经过去近八个小时，摄影工作和推送排版的任务都已经有小伙伴主动认领，然而写战报的工作却始终无人问津。是抓紧时间休息还是承担部门责任？陈璐迈上下划动着聊天界面，迟疑了一下，她明天一大的课还没有预习，战报任务一旦接下，就意味着她要付出一个中午和一个晚上的时间——她一天所有的课余时间。但看着寂静的群消息，看着通知的最后一句"大家积极参与呀"，她很快就作出了决定——她选择了接下任务。

这既是出于身为部长的责任心，也是出于对自己能力的权衡。如果没有相对足够的时间保证，陈璐迈不会接这个任务，粗糙的战报是对球迷们的不负责，也是对自己初衷的辜负。

对于陈璐迈来说，安逸从来不是生活的常态，忙碌才是。工作室的任务繁重，比赛多的时候，一天有六个战报任务，虽然现在有了新闻通讯社、摄影工作室等其他部门的帮忙，摄影的担子轻了不少，但对于战报工作来说，却没有太大的影响。"做战报的同学需要整场比赛都在，需要很详细地把整场比赛记录下来，回去之后得听着自己的录音，把这些东西转成文字，再进行润色，然后再修稿。"因此，战报可以说是工作室担子最重的工作。

陈璐迈从小便与足球结下了不解之缘。她就读的小学是一所足球传统学校，在小学期间，陈璐迈就开始在大大小小的足球比赛中担任球童和志愿者的工作，这样的环境给小小的陈璐迈心里种下了一颗热爱足球的种子。上了大学，陈璐迈开始学习踢足球，并成为政管足球队的一员。大一时的悠闲时光过得很快，在迈入大二的间隙，陈璐迈也迎来了是否留部的抉择。"我害怕足球会占据我所有的课余时间，也对自己的能力能不能胜任部长有些怀疑"，但是，对足球的热爱最终还是让她选择留下来。

正值春末夏初，法大的柳絮依旧猖狂地飘荡在空中，宪法大道上十分热闹。陈璐迈背着背包，迎着柳絮，步履匆匆地越过一群又一群的行人。一进二食堂的大门，她就直奔熟悉的窗口。"一份腊汁肉夹馍"，她对着窗口的饭堂阿姨说，声音因为走得太急有些喘。在等待的时间里，她看了看手机，群里已经有人在催了，陈璐迈也越发地心急，她接过递过来的夹馍，匆匆咬了一口，边嚼边向门口走去。

赶到足球场时，比赛已经快开始了，赛场周围围满了人，陈璐迈急忙找到位置，几口咽下剩下的肉夹馍，把包装袋往口袋一塞，掏出手机打开录音记录战报。比赛开始，陈璐迈的目光紧随着足球，心情也随着一颗足球的旋转而起伏。"民商！加油！"随着比赛进入高潮阶段，球迷们的欢呼声也逐渐变大，陈璐迈的心提到了嗓子眼，因为她知道，赛点来了。"民商3号带着球从侧路突破，传中给5号……"陈璐迈正认真地描述着上一个动作，一晃神，耳边的欢呼声骤然响起，刚刚一个进球的场景就这样一闪而过。她愣了一瞬，赶紧拽着右边四官的胳膊确认动作，确认完动作后，她才放下心来继续录音。比赛终于结束，陈璐迈一直怦怦跳的心也逐渐平复下来。不管看了多少次比赛，陈璐迈的心情还是会不由自主地被足球所牵动，为每一个突破所欣喜，为每一个进球所欢呼，似乎已经成了本能——足球赛场，对陈璐迈有着本能的吸引力。

宿舍里充斥着笑声和吵闹声，大家都在谈论着这一天的趣事，陈璐迈戴着耳机坐在床上，敲着录音稿，周围的一切似乎都对她毫无影响。她一次次地回想赛场情景，同时也不断斟酌用词。"曾经有过球迷因为不满我们的报道而留言争吵的情况，所以我们一直都强调战报的公正性，虽然我们没办法做到完全的客观，但我们可以尽量保证战报的质量。"三个小时后，陈璐迈终于在键盘上敲下最后一个句号。她把战报发到群里让部员们一起审核，"这也是检查战报公正性的一个方法"。陈璐迈等了一会儿，看着群消息里不断弹出的"没问题~""我觉得没问题"，如释重负地舒了口气。半小时后，战报的推送终于发出。看着推送最后出现了自己的名字，陈璐迈露出了满足的微笑。这一天的奔波劳累得到了最妥帖的慰藉，她终于可以长舒一口气，坦然地进入梦乡。

青春无限好——在所有足协人的心中，它意味着创造和梦想，意味着拼搏与发展，意味着意气风发与一腔热血。展现在观众面前的一场比赛，或许只有操场上那短短的几十分钟，但于所有的工作人员而言，绿茵之外仍有太多故事，正等着他们自己来一笔笔书写。

我的阿勒泰：乌托邦与理想国[*]

崔传森

阿勒泰，是我的生命之光，涅槃之火，同时也是我的希望，我的灵魂。

2018年，我本科毕业，作为母校研究生支教团的1/23，从祖国心脏奔赴北疆边陲。

毕业前夕，我抱着"死磕"的态度——既然决心支教一年，势必要去祖国最基层、最偏远、最需要的地方。

于是，我来到了阿勒泰，这里距北京3000余公里，地处新疆最北部，在古代是中国少数民族的牧居地。关于新疆，抖音里有一段特别火的原声——"新疆，你还去过新疆呢，好玩吗？""除了远，没有别的缺点了。"阿勒泰就是这样的地方。

阿勒泰，一译"金山"，又译"金子"，有"七十二条沟，沟沟有黄金"之说，这话一点都不假。20世纪中叶，苏联专家来到阿勒泰地区富蕴县，在可可托海的一座山包发现了一片宝藏，这便是我们熟知的"三号矿脉"。世界上已知的矿物元素，百分之八九十这儿都有。中苏交恶后，苏联撤走专家并向中国逼债，彼时正值中国三年困难时期，中国工人在1959年至1962年间，通过艰苦卓绝地奋斗，在可可托海用稀有金属矿产资源为共和国

---

[*] 作者：崔传森，中国政法大学国际法学院2014级本科生。

偿还了47%的外债。因此,"三号矿坑"亦被人们称为"功勋矿坑"。

来到阿勒泰,不可不去喀纳斯。喀纳斯的禾木在图瓦人的语言中是"神的自留地"之意,人们对喀纳斯的熟知还要得益于"喀纳斯湖怪"的传说。喀纳斯湖是由山峰崩塌形成的堰塞湖,当我站在观鱼台上俯瞰喀纳斯湖时,不禁感慨"唯天地之无穷兮,哀人生之长勤"。正所谓道法自然,吾生有涯,阿勒泰的璀璨星河我前所未见。数不清多少次,我在酒酣后驻足仰视苍穹,感受时间、空间、万物在周遭流淌。

额尔齐斯河,中国唯一流进北冰洋的河流,发源于阿勒泰地区富蕴县阿尔泰山南坡。克兰河由北向南穿过阿勒泰市区,是额尔齐斯河的一条支流。初秋的克兰河水流湍急,尚未结冰,同在阿勒泰支教的队友曾于河边立志要在支教结束后沿着克兰河走回去。后来我才知道,沿着克兰河只会走到哈萨克斯坦和俄罗斯,而他在冬天便已腰间盘突出了。

罗曼·罗兰说:"大部分人在二三十岁上就死去了,因为过了这个年龄,他们只是自己的影子,此后的余生则是在模仿自己中度过。日复一日,更机械,更装腔作势地重复他们在有生之年的所作所为,所思所想,所爱所恨。"在新疆的第四个月,我已经疲于应对琐碎的德育工作,终日奔波于各个教室。当我意识到,曾经的雄心壮志已经随着时间被逐渐冲淡,而我们还未将"法大"抑或是"法大人"的思想和精神在阿勒泰埋下一颗种子,我的内心非常地惶恐和不安。

苏格拉底说:"未经审视的生活是不值得过的。"2018年12月4日,是第五个国家宪法日。于是,在宪法日前夕,我们决定在学校开展"12·4国家宪法日普法宣传教育活动"。我们的策划几经修改打磨，始终觉得不尽人意。"名士不必须有奇才，但使得常无事，痛饮酒，熟读《离骚》，便可称名士。"最终在一个深夜，我从外回到学校，把阿勒泰二牧场的白酒放在电脑前，将策划定稿完成。而且，我们还带领学生先后夺得了阿勒泰市、阿勒泰地区青少年模拟法庭的第一名，这也算是圆了我本科从未参加过模拟法庭比赛的遗憾。同时，我们在学校的支持下，将学校主干道分别命名为"宪法大道""明法路""德法路"，并立起了路牌。至此，中国政法大学昌平校区的"宪法大道"可视为"约定"，而阿勒泰市第三中学的"宪法大道"已为"法定"。

在新疆，必须要大口喝酒，大口吃肉。新疆的红乌苏，被称为"夺命大乌苏"，初尝与普通啤酒无异，实则威力惊人。新疆的伊力老窖，被称为"小老窖"，口感绵密，味道香浓，不知不觉中便已微醺。阿勒泰的羊被称为"阿勒泰大尾羊"，因其"丰满"的臀部而得名，也正是由于其厚实的脂肪，才足以抵御冬季阿勒泰的寒冬。我有幸在富蕴目睹牧民转场，阿勒泰的羊肉，是随牧民转场 3000 公里的食材，它们走的是黄金道，吃的是中草药，喝的是矿泉水。

《舌尖上的中国》中提到："高端的食材往往只需要最朴素的烹饪方式。"抓肉是我在阿勒泰尝过的最美味的佳肴。将"没结过婚"的"羊娃子"肉整块置入锅中，倒入冷水，放入大把盐，煮两三个小时。煮好后，把肉盛盘，同时备好一盘切好的皮牙子，倒入肉汤，最后将皮牙子和肉汤一并浇在肉上。通过如此单一的调料和简单的烹饪方式制作出来的美食令我终生难忘。羊头是哈萨克族最高级别的待客礼遇，如果你发现盘中有羊头，那你一定就是他最珍视的客人。抓肉在上桌之后由主人用刀切成块，羊头脸颊上的肉通常是为地位最高的长者准备的，而耳朵则会给年龄最小的朋友吃，寓意为听话。我第一次吃抓肉，便吃了羊耳朵。

当然，好肉一定要配好酒。当抓肉的香甜在口中尚未消散之际，一定要适时地嘬一口白酒。辛辣的白酒与残存的抓肉汤汁会发生奇妙的化学反应，一并入喉，舒爽贯穿全身，顿时酣畅淋漓，夫复何求？

新疆人的豪爽与热情，在喝酒吃肉时体现得更加淋漓尽致。我常与学校的哥哥姐姐们开怀畅饮，酒过三巡，我们往往会唱歌助兴，甚至吟诗作赋。一次我不胜酒力，说："这是我在中国境内第一次喝醉，就在新疆阿勒泰！"他们便问我："新疆人能喝，还是东北人能喝？"我无奈，只能道："新疆人能喝！"我又补充道："你们知道为什么新疆人能喝吗？因为东北虎总是独行，而西北狼往往成群。"

阿勒泰是"人类滑雪起源地"，一幅岩画揭开了1.5万年前先民滑雪狩猎历史。阿勒泰是中国雪期最长的地区，全年有179天存雪，积雪厚度平均达两米之多。我在10月末亲历了阿勒泰三天三夜的暴雪，铲雪车进入校园，堆起来的雪比篮球架还要高。即便是从小生活在东北的我，也惊叹阿勒泰"中国雪都"的名字果然名不虚传。哪怕在5月末，仍可在宿舍观望到远处群山之巅白茫茫的一角，我们常戏称宿舍为阿勒泰豪华雪景房。

阿勒泰的孩子好像天生就会滑雪。我们的学校在半山腰，每逢放学之时，我总是小心翼翼，一步一步地挪着脚，生怕一不留神便摔个跟头，而他们则三五成群地结伴在我身旁"滑"下山。在学校办公室就可以看到将军山滑雪场几条长长的雪道，那里是离市区最近的滑雪场。学校开设了滑雪课程，学生每周都会去将军山滑雪场滑雪，还有专门的教练对他们进行指导。

我教的科目是《道德与法治》。在一年里，陆陆续续地认识了七年级中六个班级的二百五十多名孩子，有汉族、回族、哈萨克族、维吾尔族……

第一次走上讲台，难免有些许紧张。我告诉他们，我来自中国政法大学，在这里支教一年，你们的《思想品德》如今更名为《道德与法治》，而我的专业是法学，恰好"专业对口"。或许是母校给了我足够的底气和力量，接下来的四百多节课，我都气定神闲，哪怕是学校公开课，也从未紧张过。

下课的时候，他们总是跑过来问我："老师，为什么你只教我们一年？""老师，你有没有女朋友呀？""老师，你打不打王者荣耀？什么段位了？"

他们当面会叫我"崔老师"。他们对我的头发非常感兴趣，私底下讨论我的时候便称我为"大背头老师"。后来，有些孩子见到我，叫我"小崔老师""崔哥"，甚至在单独聊天的时候，会叫我"小崔"。

我与其他老师最大的不同在于，我最关注的往往都是成绩最差、最不爱学习的孩子，我也把所有学生当作是自己的弟弟、妹妹来对待。其中尤为典型的便是帕若何和叶木力，他们是我最早记住名字的少数民族学生。开学的时候他们都坐在第一排靠窗的位置，上课的时候只会呆呆地看着我。帕若何是维吾尔族，叶木力是哈萨克族，他们俩的发型、脸型几乎一模一样，只不过一黑一白。

我的生日恰逢教师节，我始终认为我与教师这一职业有着不解之缘。我读初中时，比他们还要调皮，除了成绩，从来没有让老师省过心。而遇到他们，和他们的斗智斗勇，让我觉得一切都是"因果循环"。

我曾无数次地"教训"他们，但从来都不是因为他们的成绩不好。我懂得"教学相长"和"因材施教"的道理，更深知阿勒泰与内地相比教育资源的不平均。我坚信老师的职责要以"传道"为首，"授业"和"解惑"为次，要争做学生思想和精神上的引路人，而不仅仅局限于教书的"先生"。

而我最后一次"教训"学生，是在创新一班。我在批单元复习试卷的时候，发现他们十几名同学作弊，我感到莫名的心寒和悲哀。于是我狠狠地"教训"了他们，并让他们写了检讨。而他们的检讨，就像一泼冷水，一下子熄灭了我所有的怒火。

叶尔达纳在检讨里说："老师，我真怀念和帕若何还有叶木力去您办公室聊天的日子……如今您要走了，我们真的不应该这样，让您失望……"

每个班级最后一课的场面都令我无法控制情绪，他们想和我聊天，想让我带他们玩真心话大冒险，想让我在他们的书上签字并写下微信和QQ……他们在用自己的方式表达不舍。

卓越一班的迪丽娜尔送了我一本书。她说这本书是她小学班主任送给她的，因为她父母管得比较严，所以不能花钱给我买礼物……这份礼物太珍贵了，我认为我不配拥有这份礼物，更不知道该以何种方式来回报她。所以我告诉她，等你以后考上北京的大学，我把这本书"还"给你。

我是在6月30日12:00离开学校的。而我的最后一节课，是在当天的11:05—11:45。为了避免告别时的不舍，我提前将行李放到了学校门口。可是当我走进教室，看到他们第一次如此齐刷刷地站起来向我问好时，我的眼眶立刻就湿润了。

在我忙着给他们签字的时候，他们悄悄地在黑板上写了字："记得回来！崔老哥，我们爱您！要记得我们创新一班哦！"并以

我的口吻在黑板上写下一张特殊的"请假条":

亲爱的同学们:
　　我因要回北京读研请假！望批准！意见:＿＿＿＿＿

孩子们蜂拥而上，纷纷在意见后面写下"不同意"，装满了整块黑板。他们用教室的多媒体放着"往后余生，风雪是你，平淡是你……"在座位上泣不成声。帕若何一直在看着我，他从来没有这样严肃过，信誓旦旦地说了无数次:"崔老师，我一定好好学习。"

我不敢再说任何告别的话，我知道我一开口就会痛哭流涕，只好在黑板上写了一句话:

创新一班的同学们:
　　来日方长！

这句话他们一直没舍得擦。

在我要"逃离"教室的时候，他们一个接着一个地跑过来，把我堵在教室的门口，拉着我不让我走，他们哭着说:"老师，你可不可以不要走……"甚至质问我:"老师，你留在这里不行吗？"我不知道该如何回答，于是他们哭得更厉害了……

我郑重地答应他们，在你们中考前我一定会回来看你们的，便匆匆离开了教室。他们从教室跑出来，把我堵在办公室的门口，挤满了走廊。

离开的时候，我带走了我的教材和教案、他们送我的礼物、他们写的检讨和信……在校门外看着他们从教学楼蜂拥而出，三楼的窗户上挤满密密麻麻的小脑袋……

阿勒泰——当我在这里的时候，经常都想要逃离。我的叛逆和不羁刺破我的胸膛，驱使我逃向更广袤更自由的地方。可当我意识到真的将要离开的时候，却极其不舍。

复杂的情愫充斥着我空无的大脑。我终究忍不住，泪水夺眶而出。大概是因为我清楚再也没有这样广袤自由的天地了吧。

遗憾在此终了，我仍没有机会驱车驶过独库公路，领略新疆的大好山河，还没有读过李娟的《我的阿勒泰》《阿勒泰的角落》《冬牧场》……好在我的一名学生送给我一本李娟的《阿勒泰的角落》，可供我以后细细品读。

"阿勒泰的改变正是需要你们这些人才的奉献。"这句话是阿勒泰市团委书记在微信上发给我的。可是我却发觉，这一年的时间，我仿佛什么都做了，又什么都做不了。大学刚毕业的我，空有一腔热血和微不足道的学识，没有任何的社会经验和阅历，更没有丝毫的权力去改变周遭的一切。

阿勒泰于我而言是宝贵的人生财富，这片广阔天地激发了我无限创造的可能，同时也激发了我对哲学、政治、教育、社会的思考。

阿勒泰是我精神的乌托邦，却非我肉身栖息之理想国。离开之后，阿勒泰在我心中便成为完美。其中诸多艰难困苦，甚至委屈无奈，内心的挣扎与折磨，理想与现实的落差，不足为外人道也。

"万里归来年愈少，微笑，笑时犹带岭梅香。试问岭南应不好，却道，此心安处是吾乡。"

法大女足　铿锵玫瑰[*]

赵中名　乔逸如　孙宏毅

乍见之欢，相见恨晚

法大女足，在法大校园内，足球运动群众基础不小的情况下，显得相当年轻，却又有着与这种年轻不相符的"成熟"。

金思缘和张楚淇，两位现任的女足队长是在进入大学后才开始接触足球的。谈及加入足球队的原因时，两人都提到当初那位来刷寝时略显浮夸又帅气的师姐，被她吸引从而开始接触并学习足球。足球队来刷寝的师姐总是不同于其他社团文静温柔的师姐，而是热情似火见谁都是自来熟。殊不知第二年依靠帅气吸引新生的师姐便成了她们自己。

张楚淇是在接受了刷寝师姐的"行为洗脑"后果断加入足球队开始练习并最终入选校队的。而金思缘则曾纠结过运动队的选择，从小担任体育委员的她，对运动有着过人的天赋和技巧。接触过篮球和排球的她，也曾试图继续发展，不过身高好像限制了她在篮球上的追求，在经历了排球和足球的纠结后，还是被帅气的师姐折服，选择加入足球队。从此法大女足的烙印便深深地刻

---

[*] 作者：赵中名，任职于共青团中国政法大学委员会；乔逸如，中国政法大学国际法学院2015级本科生；孙宏毅，中国政法大学国际法学院2016级本科生。

在了她的身上,她也变成了三大球玩遍的体育小将。

这样年复一年注入新鲜血液,法大女足始终传承着一直以来的女足精神,展现出青春亮丽的姿态。众多心怀梦想的法大玫瑰,就这样开始了在女足的磨砺与历练、蓄力与绽放。她们团结协作,相互扶持,谱写了属于自己的青春年华,也铸就了法大女足的灿烂辉煌。

"直到后来,才渐渐觉得,每个女足人身上的浮夸与帅气是来自于球队的力量。因为有人爱,才敢浮夸不怕被嫌弃,因为每日的训练,才有干练与帅气。"女足似乎有一种神奇的同化力量,把加入女足的每个人都变得又帅又酷。无论你是钟情于足球而加入足球队,还是被帅气师姐吸引,最后都会融入法大女足的欢乐氛围。

上有"老"下有"小"的大三

"不经一番寒彻骨,怎得梅花扑鼻香。"在赛场上奋勇争先、拔得头筹的女足姑娘们,虽然享受着捧起奖杯的荣耀,但是也承担着更重的负担。在学业的压力面前,她们也曾迷茫过。

金思缘坦言,曾经想过退出女足来专攻学术。的确,面临考研的巨大压力,她们平日里的时间和精力异常宝贵。为了给学校争取更好的成绩,女足姑娘们牺牲个人的时间,忍受着身体的疲惫,努力训练、力争佳绩。而这对于双学位的金思缘来说压力更是巨大,但是金思缘最终还是无法割舍对大家的爱。"我觉得大家对自己的高三同学应该是有很深的印象吧,因为那一群人陪你哭过,陪你笑过,你们为着同一个目标努力过。女足就是这样一个地方,我们一起训练,一起在绿茵场上奔跑,我们的想法就很单纯啊———一起快乐足球。"而最终，成功获得学业奖学金的金思缘用成绩证明自己做到了运动和学业的两者兼得。

张楚淇也曾面临同样的抉择，因为训练花费了她太多的时间和精力，家人曾劝她放弃。一边是自己难以割舍的女足队友，一边是对自己同样重要的生活和学业，她陷入了两难的境地。但在这个有些艰难的大三，靠着伙伴们的陪伴，她最终坚持了下来。

同金思缘和张楚淇一样，众多女足人在享受鲜花与掌声的同时，也挥洒着汗水与泪水。而对于她们来说，踢了三年的足球已经不仅仅是一项运动，而是整个大学的回忆。训练和踢球也不再是负担，而是在学习生活之外的精神追求。

张楚淇和金思缘大三担任队长时期，被她们自己戏称为"上有老下有小"的日子。上有大四和研究生的师姐们时常来指导，观看比赛。两人总觉得自己是从她们手里接过来的球队，要认真带好，有一份担当；下有大一大二还在进行基础训练的新人们，有一份责任。张楚淇说至今记得大二时大师姐毕业踢的最后一场球赛，记得点球赢了的那一刻，脱掉外衣露出有着师姐签名的球衣的兴奋。每次这样想就会觉得更要好好地带好球队，把法大女足的光荣继续传承下去。

而说到那些可爱的小师妹时，两位队长想起那时的场景仍然忍俊不禁。楚淇说到自己的队友，当时还是一个小师妹在场上踢球，师姐在场下看，已经很紧张了，师姐在场下说"拿球拿球"，然后她就用手拿起了球，由此得到了人生的第一张红牌，这也在很长一段时间里成了球队的谈资。球队的师妹们还有很多乐趣，例如练习射门的时候踢走别人的球，学习大家跑步的各种姿势，在打打闹闹里从大一到大三，从懵懂小师妹变成肩扛责任的大师姐是每一个女足人的必经过程，是所有人的成长。

法大女足　铿锵玫瑰

明明白白做人，堂堂正正踢球

中国政法大学女子足球队是一个优秀的团队，在完成三年九个冠军之后，得到了更多关注，在各类比赛里也会被更多的球队关注。

法大女足的队员普遍偏瘦小，在和别的学校比赛的时候总有被人无意撞飞的情况出现。大家也经常戏称"我们不做厚重推土机，要做敏捷小汽车"。话虽这样说，大家也还是会多练习体力，那些负重深蹲的周末也和"小汽车"一起开进大家的记忆里了。在球场上，当各种状况出现时，总有成熟又稳重的教练在旁边说着"没事儿""不急""别担心"，让大家放松心情，专注比赛。如果只为了拿奖而踢球，那只要拿不到奖就会难过、会痛苦；但如果是为了踢球而踢球，那只要在踢球就很快乐了。这个时常被大家吐槽过于成熟稳重的教练其实也是大家的人生导师。在进入训练的懈怠期时，都是教练出现并带领大家开启"美好新生活"。

法大女足向来都是一个球风很正的球队，踏踏实实地练习，在球场上认真遵守各项规则。这与教练踏实打球、刻苦训练的要求有关，也是法大学子坚守公平正义的体现。在球场上总会因为各种各样的原因而受到伤害，但大家的信心和对足球的信念并没有受到打击，而是更加努力地练习踢球技巧，正如碧霞师姐说的那样，"我只是想过你"。华丽转身，带走别人的球，射门永远是最有力的反击。这大概就是所有法大女足人的骄傲吧，在球场上，就让"球"来说话吧。

寒来暑往，春去秋来，活跃在球场上的是同一个女足，也是不同的女足人，正是一个个法大女足人的坚守才换来一个个沉甸甸的奖杯，才使"法大女足"这个名字愈发熠熠生辉。

法大法援人：公益法律实践团队[*]

岳梦雪　李昕媛　董浩然

在许多法学生心中，都有一个执着的梦想，那就是在学成之后，能够用法律知识帮助更多的人。然而，在法大有这样一群人，他们在羽翼未丰之时，就选择用稚嫩的肩膀担起一个又一个人的希望。在法大的四年中，他们以自己的智慧与勇气，以对法治梦想的坚守与追求，不断向成为一个个于他人、于社会都有价值的法律人而执着奋斗。

每一颗追逐梦想、赤诚火热的心都值得尊重与敬佩。"厚德明法，格物致公"不仅是一种信仰，更成为脚下踏踏实实的道路。在法大，即使前途未知，前程未卜，肩膀稚嫩，力量渺小，但他们仍用尽全力，汲取养分，去接近自己一直坚守的梦想。法援人的梦，就是法治中国的梦。但行好事，路上鲜花盛开，不问远方，只知前路梦想召唤。法律援助中心的同学们将永持心中正义的天平，除却人间之邪恶，守护法治梦想的美好圣洁。四年四度军都春，他们终将在法大浓郁的法学氛围下，成就梦想，成就更好的自己。

---

[*] 作者：岳梦雪，中国政法大学商学院2017级本科生；李昕媛，中国政法大学商学院2017级本科生；董浩然，中国政法大学法学院2016级本科生。

高宇苹：法援，为法律人的梦想

清晨，7点，当大家还沉浸在睡梦中时，高宇苹已踏上了开往湖北的火车，承载着当事人的希望与自己的梦想，奔赴案件一线。案件当事人是一位服务员，在工作期间被同事用不慎点燃的酒精明火烧成了重伤，她失去了工作、失去了姣好的面容，也失去了之前那个温暖的家。但酒店认为这是她个人操作不慎造成的伤害，并且与她不存在劳动合同关系，因此不愿意承担责任。劳动仲裁裁决支持了双方具有劳动关系，认定构成工伤。酒店不服，转而向法院起诉，当地律师却因忌惮酒店背后复杂的关系均不敢接案。已花去50多万医药费的当事人无奈赴京，向我校法律援助中心寻求法律援助，最终找到了高宇苹。高宇苹了解基本案情后，义无反顾地决定去湖北石首代理这个案件。

生于河北保定一个小村庄的高宇苹，在很小的时候就感受到乡亲们对法律的渴望和需求，却因身边没有懂法的人，每每遇到纠纷，都很难用法律武器解决问题。这一切，高宇苹看在眼里，记在心里，她默默地下定决心，要成为一名优秀的律师，立志用法律来帮助那些社会中的弱势群体。就这样，她选择了法律，选择了法大。而来到法大的第一年，她便加入了校研究生法律援助中心，主要负责案件的受理、跟进以及代理等相关事宜。研究生二年级开始转自案件代理一线，作为法律援助志愿者继续帮助当事人。

很多人会觉得法律援助是一种没有回报的无谓付出，但是高宇苹不这样认为，当听见当事人、法官对自己的肯定时，她觉得一切的辛苦都是值得的。"法律援助不仅帮助了别人，还成就了我自己。它让我提前接触了社会，提升了专业实务能力，听见了底层人民的呼唤。还让我看到法律于他人、于社会的价值和实用性。这又进一步坚定了我对法律的信仰和追求。"在高宇苹看来，法律援助是一个帮助他人、成就自己的双赢平台。助他，也是一种助我。

杨欣：行政管理出身的法援志愿者

杨欣本科毕业于法大，当时所学的专业并不是法学，而是行政管理。大三时，由于课程安排，她第一次接触到行政法的课程，法大本就浓厚的法学氛围，加上行政法老师的教授与引导，使杨欣对行政法学产生了浓厚的兴趣，也对法治和民主有了更深的体会。作为一名"非法"的学生，杨欣心中逐渐萌发了要为国家的民主法治献一份力的想法。进入研究生院后，杨欣很快就将自己的想法付诸行动。她不仅参加了研究生法律援助中心的工作，还成为北京市西城区人民法院大学生志愿服务基地的一员，开始从事包括普法宣传、法律咨询、代写文书等法律援助工作。

刚开始做法律援助工作的时候，她心里很忐忑，因为总觉得自己不是法学本科出身，担心不能胜任法律援助的工作。虽然这样担心，但杨欣也因为法律援助工作更加用心地去学习专业知识。随着实践次数的增多，杨欣逐渐能够规范地写好各种诉讼文书，同时，自己关于离婚、继承、交通事故等案件的法律知识也得到了强化。说起法律援助工作，杨欣还总结出了一些经验：面对前来咨询的当事人，要引导他们说清楚案件事实和诉求，从而帮助他们理顺逻辑关系，不能机械地倾听，面对情绪激动的当事人更要适时地给予安抚和疏导。

怀着奉献、助人的心态，杨欣坚持用热情和耐心对待每一位前来寻求帮助的当事人，并站在当事人的角度去考虑问题。杨欣以及她所属的法律援助团队以真诚的态度换来了当事人的认可和信任，有的当事人听说杨欣等人在西城区人民法院做法律志愿者，专程赶到那里，只为能够向他们咨询法律问题；还有的老年人讲述案情时控制不住情绪痛哭流涕，杨欣耐心地为他们解决问题后，老人紧握着杨欣的手久久不愿放开；更有当事人在长期的上诉过程中悲观消极，在杨欣等人的疏导下再次变得积极乐观。这些都让杨欣感觉格外的欣慰和满足。

姜剑：停不下追梦脚步的法律人

在寒风刺骨的寒假，当远方的学子还停留在家中时，姜剑早已告别了父母，回校在西城区人民法院当起了志愿者。她先后在西城区人民法院大学生志愿者基地、人民调解室、案件查询窗口等部门工作。法院的工作冗杂，姜剑总是用最大的耐心、满满的诚意接待当事人。对于能够依法起诉的当事人，她会帮助撰写法律文书；对于无法立案、寻求帮助的当事人，她会静静聆听他们的遭遇，并安抚他们的情绪，提供相应的建议。此外，她还负责电话查询案件进展，整理法律文书，邮寄和接收信件，归档等工作。这并不是姜剑第一次参与专业实践，在本科期间，姜剑还曾在昌平区人民检察院实习。

在这些实习、志愿活动中，姜剑慢慢发现，法律的规定和实际运用往往有一定差距，但是姜剑并没有因为这些挫折而退缩。在姜剑看来，这是法律人成长的必经之路。除了在法务部门的实习经历，姜剑还先后在人力资源公司、众合培训机构、新青年司法考试培训机构等做过兼职。一方面想要自力更生，另一方面也是为了增加工作经验，丰富社会阅历。每次拿到工资时，就会有满满的成就感充斥着她，辛勤劳动收获的果实格外香甜。

寒假里，她只在家待了十几天就匆匆返校参与法院的志愿者工作，即使父母有点不舍，但也支持她的决定。"自己现在更多的实习是为了以后回家找到更好的工作，和父母团圆。这几年是辛苦一点，但年轻的时候应该为了以后做更长远的打算。"笃定的话语中俨然能够看到她正步伐稳健地拥抱未来。

准律法援：法治梦 我的梦

2018年4月底，准律师协会法律援助中心的同学们克服了起诉时间紧、涉案人数多、案件事实与诉求不尽相同等多种困难，接手了一起标的额总计约200万元的劳动社保待遇纠纷案件。出于对求助者的同情与对公益之心、法治梦想的坚守，法律援助中心的同学们接下了这个案子。在之后短短15天内，他们克服重重困难，追紧时间的脚步，挑战自己，获得了令人满意的结果。在准律法援成员们的倾情帮助下，26名员工按时递交了起诉书，后经法院调解，每人顺利获得8万到10万元不等的一次性劳动补偿。

杨依霖刚接到案子时有些迷茫，大部分的同学也都是这样，但在后续的法条查找与文书撰写中，他们逐渐明晰了基本思路，并按照每一位当事人的不同情况对文书进行了修改。高鑫印象最深刻的是在确认当事人信息的时候，他们坐在学生活动中心整整一天，按照分工给每一位当事人打电话询问。为了进一步了解案情，同学们还组织了实地考察，咨询了有代理经验的师兄师姐，多次开展内部讨论，商议最佳的解决方式。"五一"假期过后的第一个工作日，法律援助中心的同学们向当事人交付了所有文书。两个工作日内，26位当事人的起诉状、保全申请全部受理。最后，在当事人、社区以及法院的多方共同努力下，26名当事人分别顺利地拿到了数万元人民币的一次性赔偿。"我们作为一个热爱公益的团体，向需要帮助的人伸出援手，便是实现自己法治情怀与价值的路径"，林景涛自豪地说。

他们并不是法律援助团队里最专业的一批人，但是却是最怀有热情和梦想的一批人。每一个案件的终点，便是更多挑战的起点，在接下来的法律援助之路上，对每一名当事人的共情与理性、对每一个案件的审视与预判、对每一次实地考察的由表及里、对每一份司法文书的字斟句酌，他们都是在用行动向所有人表明，无论胜诉的概率有多大，法大法援人都会尽己所能地做到最好。

无论是盛夏酷暑，还是隆冬凛寒，法大同学们都会利用上下午课间接待来访者、听取求助者的诉求。一张张年轻的面庞虽青涩稚嫩，微笑却是真诚的，他们目光炯炯，以最大的热情与忠诚践行"厚德、明法、格物、致公"的校训格言。在愈发广阔的依法治国的平台上，法大人正以援助服务更多的社会群体为目标继续前进，汇聚点点光热如星星之火，照亮、守望着弱势群体的维权之路。

三年和三十年*

刘婧星

日月跳丸，光阴脱兔，不觉间已迈入在法大的第四个年头。回首在法大悄然过去的三个年头，从玉兰初绽到宪法大道上满树黄叶，我与法大或喜或悲的故事也写了三个年头——但若是算上做过的近二十次的校友采访，算上师兄师姐们那些念念不忘的故事，也可以说是三十年。

采访过最年长的校友，他入学之时我还没来到这个人间。听他讲他的求学岁月，彼时颇为荒凉的昌平校区，还很简朴的教学设备，点点滴滴构成那位师兄珍藏近三十年的热血青春。原先在我朴素粗浅的认知里，20世纪90年代仿佛白纸一样无聊，而师兄回忆里的大学时光，则闪烁法大特有的星光。担任班主任法律心理咨询室的助手，通过一桩桩案例分析理解抽象的刑法法条，甚至是骑着自行车沿着京广线一路向南沿途普及法律知识，师兄细数的片段隔着记忆的长河仍生动清晰，也让我后知后觉地感到法学和生活结合起来，也可以如此活泼灵动。毕业二十多年再接受母校小记者的采访，师兄讲起往事深情而幽默，边说边信笔在白纸上圈画，熟悉的建筑布局映入眼帘——这里是礼堂、那里是宿舍区、最中间是拓荒牛——是母校的简图。相隔二十多年的校

---

* 作者：刘婧星，中国政法大学外国语学院2017级本科生。

友相视一笑。

采访过的又一位校友，已在刑事辩护律师执业之路上耕耘十年有余。女律师，工作地点几乎举目无亲，压力大显而易见，十多年的辛苦倒也硕果累累。问及何以支撑着她始终不曾畏难、始终不曾放弃，师姐微微一笑，分享了一件很小的事。在校时研究生会邀请老校长江平做一场讲座，师姐作为工作人员，负责搀扶老人家行走。老先生腿是受过伤的，当时也已年逾古稀，她搀扶的时候非常小心。纵然自身极为不便，老先生为了学生们的成长来做讲座也是心甘情愿，这种情怀深深震撼了人生刚起步的师姐。时至今日，讲座的名称、具体的议程师姐已全然忘了，唯那种感动、那种震撼，历久弥新镌在心底，成为她"前进路上的不竭动力"。十年后再回母校，师姐带着"法二代"，特意在研究生院江平教授手书"法治天下"的柱石旁拍照留念。——这是她的法大故事，我听着，好像那种动力、那种精气神，也潜移默化于我，让我在法大剩余的求学岁月不忍懈怠。

采访过最年轻的校友，比我年长不过五岁。师兄是三沙市一位武警士兵，乍听有着孤岛英雄的浪漫，而其实师兄缓缓讲述的日常，我听着都觉单调得紧。在太阳晒海风吹之下变黑，春节举家团圆之日与战友在天之涯守着一轮月圆都成习惯，讲起博鳌论坛后带着三等功的荣誉回到爷爷身边，师兄的声音中才透出藏不住的激动。师兄很怀念他在校期间参加法大 60 周年大合唱的一首《祖国不会忘记》，而我好像也能从他由初出茅庐的国防生长成国家战士的故事里，体会到法大学生的担当和情怀。

说三年，我与法大真正相处的，不过略多于三个 365 天；说三十年，听着校友们诚挚的讲述，仿佛我也同这所大学真真儿相处了那么久的时光。时间的长河潺潺流淌，很多不经意的时候，滴滴点点的事情就积淀了下来，像是在校生挂在嘴边的"经国纬政、法泽天下"，或是"厚德、明法、格物、致公"，又或是法大人某个不约而同的暗号，毕业多年的校友们也总能即刻反应过来，会心一笑。三年、三十年、六十年，我们与她的故事也许湮没无闻，而她的传奇，她的名字，是会载入中华人民共和国的青史，传之后世的吧。

听刘岩老师讲国庆后勤保障幕后的故事[*]

刘 岩

大家好，我是后勤保障处昌平物业中心的刘岩，作为国庆后勤保障系统的代表上台发言，我既忐忑又激动。忐忑的是，后勤保障工作周期长、头绪多，我做的只是其中一小部分，但激动的心情又让我思绪万千：从7月22日入夜的蒙蒙细雨，到10月1日清晨的绚丽朝霞；从操场入口指纹识别的嘀嘀声，到长安街上昂首阔步的呐喊欢呼，每一天看到的、听到的、想到的、做到的都浮现在眼前。

今年7月初，后勤保障处接到国庆活动的保障通知，处领导高度重视，专门和团委召开专项会议部署工作，食堂、公寓、浴室等部门调动一切力量，排除一切困难，严格落实吃、住、行等保障任务。那时我主要负责昌平校区的校园绿化、维修保障、宿舍管理、浴室服务等工作，所以早早做好了整个暑假为国庆任务服务保障的思想准备。但8月初接到团委朱林老师通知时也很突然，根据上级指挥部门要求，学校需要在两天内组建一支"道具安检队"，全员严格政审、必须老师带队等要求，让我兴奋不已，心想："终于要从幕后，走上台前了！"

可令我没想到的是，"走上台前，才是走上国庆保障的真正

---

[*] 作者：刘岩，任职于中国政法大学后勤保障处。

幕后"。作为22方阵中国政法大学大队后勤保障道具组的安检带队教师,我主要负责带领4个车组、共30名同学完成道具装车、远端安检、分拣包装、实地发放等工作任务,要做到道具不离开视线、人员全程不休息,每次任务时长近30个小时。8月28日,我到道具指挥部参加道具组第一次会议,上级领导第一句话就是,我们虽不上长安街,但我们每个人的工作同等重要,我们要以习总书记讲到的"功成不必在我,功成必定有我"为工作理念,保质保量地完成自己所负责的工作——我在本子上默默记下这句话,因为它不仅是我们这次活动的后勤保障工作理念,也是法大后勤人一直以来积极工作的重要指引。

9月21日全要素演练,与同学们的游行队伍前几次合练不同,这次是我们第一次按规定动作演练。晚上10点从学校出发赶往道具安检场地,在经过1个多小时的行驶、3个多小时的车辆安检进场排队后,道具组于凌晨4点正式开始了道具分装工作,当我问一车车长沙傲寒同学"是先休息,还是先工作"时,他毫不犹豫地回答:"先干活吧,弄完踏实。"和沙傲寒同学一样,我们这个小队的所有同学都没有怨言和懈怠,打起精神开始对1089件道具重新拆箱、装袋、封签、打包、装车。黎明前的温度很低,同学们的脸颊却挂满汗珠,场地光线不好,但我的眼睛却时常被30个忙碌的"反光背心"照亮,随着东方第一缕阳光,我们完成了最后的装车工作。我们就着矿泉水一边啃面包香肠,一边总结工作技巧,困了累了,同学们就垫个纸板露天休息。下午1点,我们准时到达远端集结地点,在这里等待与游行队伍的胜利会师。晚上10点,在目送我们的队伍整队出发后,我们返回学校抓紧休息,因为5个小时之后,等游行方阵归来,我们要为正式活动重新清点和整理道具。

在整个演练过程中,我和同学们同吃冷餐、同睡纸箱,一起工作、一起熬夜。我们有一个微信群，名字叫"核心关节"，但我们30多个人心里都明白，法大游行队伍的远端起点——天通苑北地铁站，就是我们工作的终点。可是，自始至终，没有一个同学在我面前说，"我们也想去长安街"，但说实话，我知道大家都想，连我自己都想。但没有我们，谁来做道具保障，谁来当这个"核心关节"？在道具安检组有不少同学都是大三的主要学生骨干，从一开始他们就没有报名进入游行方阵。我被我们法大学生的担当意识所感动，我向同学们的通情达理、奉献精神致敬，这也将成为我今后做好学校服务育人工作的精神源泉！

9月30日凌晨5点，我们再次吹响集结的号角，踏夜前行。10月1日早晨，我们圆满地完成了道具发放工作，看着游行方阵的同事、同学，心中暗自为他们鼓劲，加油！祝愿他们和法大一起载誉而归！

在相处的这几个月里，一起走方阵的老师、后勤保障的老师已经和同学们成为朋友，也许同学们记不得朱林老师每次临行前的细致嘱咐，只记得他在跑道上练步点和"注意注意"的口令；也许同学们记不得赵中名老师叫什么，只记得他口中的"闲言少叙""向右看齐"；也许同学们只记得桑迪老师伟岸的身影，却不知道他让人羡慕地少了20斤的体重；也许同学们只记得骑着电动车穿梭在操场上的杨婷婷老师，记不得车上经常陪伴妈妈一起工作的"小易"小朋友……

作为法大教职工的一员，我为之自豪，能陪伴法大如此优秀的同学们成长进步，更是我的骄傲。法大后勤人的初心，就是服务好全校师生；法大后勤人的使命，就是在默默付出中建设平安、和谐、舒适的法大校园，为心中最美好的中国政法大学而贡献力量！

杨婷婷：十三年的守望[*]

王馨悦　母洺宇　李玉箫

"宣誓号角乐曲奏响，民主法治方阵向我们走来。"一个多月前的那一刻，注定将载入法大史册。然而，在这光荣时刻的背后，离不开一百多名默默无闻的后勤工作者，风雨兼程，为"法大飞机"保驾护航。法学院分团委书记、2016级辅导员杨婷婷老师，就是其中的一员。

勇挑重担，笑而无悔

"其实从一开始就知道，后勤组的工作绝对不会轻松，但是做起来却发现，真的有点难。"在庆祝大会群众游行中国政法大学筹备组刚刚成立的时候，考虑到杨老师日常工作繁忙，同时还是一位五岁孩子的母亲，时间精力恐难以分配，因此学校并未给她安排一线任务。但是，杨老师却"不领情"，她主动请缨，并表示无论工作有多苦，都会站在千余名法大学子的身边，为他们护航。杨老师的坚持感动了校团委孙璐老师，也由此她正式成为后勤战线的"排头兵"。而在这背后，还有一个小故事。原来，杨老师初入法大之时，正值国庆60周年，但由于筹备工作强度

---

[*] 作者：王馨悦，中国政法大学法学院2019级本科生；母洺宇，中国政法大学民商经济法学院2018级本科生；李玉箫，中国政法大学刑事司法学院2018级本科生。

大,院内并未安排杨老师参与。十年的遗憾与对祖国无限的热爱,促使着她想要更积极地参与到筹备工作中。而这一做,就是近四个月的日与夜——从六月的统计数量,到七月的物资分发,从八月的组装餐包,到九月的夜半守候,细心的同学可能早就发现,杨老师和她的电动车,已成为训练场上的一道独特的"风景线"。

杨老师与她的电动车成为这个夏天训练场上最美的风景。可是,在后勤工作刚开始的时候,并不是那么顺利。由于后勤保障工作保密要求高、对接单位多、负责人数大,每个组员都面临着不小的压力。这对于刚刚成为"战友"、彼此不熟悉的后勤组成员而言,简直是"不可承受之重"。于是,冲突与矛盾偶有发生。比如,到底谁负责什么工作,1000多件衣服究竟怎么发,什么食物能让训练成员们满意……正是在一次次的磨合过程中,后勤组的成员们不断调整情绪,改进方式方法,完美解决了一个个问题,真正做到了"万无一失"。

对此,杨老师深有感触:"之前我一直在学院的分团委工作,和学院的学生组织联系得比较多,接触到的大多也是来自本院的学生,这次有幸感受一下校级组织和其他学院学生组织的工作氛围、师生相处模式,也让我受益匪浅,对今后的工作也大有裨益。"

同甘共苦

除了老师们之间,师生之间也会有磨合的问题。后勤组的老师和同学来自不同学院,平时一起工作的机会很少,因此大家最初也会有些"羞涩"。令她印象深刻的是八月份的一次物资集中发放。当时,一千多名队员涌入学生活动中心领取慰问物资。但由于之前缺少经验，导致工作组的老师和同学们手忙脚乱，直至晚上11点多才发完，伴着星光离开学生活动中心，后勤组同学疲累的神情、排队同学偶尔的抱怨，令她愧疚不已。也正是在这次经历中，杨老师积累了许多工作经验，"人力资源调整的安排一定要细化，提前统筹安排，而作为老师，要尽量亲力亲为，在之后所有涉及我的后勤工作，我都到场和学生们一起完成，出现问题马上协调解决"。从此，精细化安排和同甘共苦成为杨老师打赢一场场"战役"的关键武器。

分发物资

为了尽可能不影响工作组成员的学习生活，杨老师尽量在不同的时间段根据工作量进行灵活的人力调度。令她感动的是，暑假时许多备战司法考试的大四同学在繁忙的复习之余，也以最饱满的热情参与到后勤组的工作中来，承担起拍照摄像、分装餐包、服装发放与回收等多项任务。而后勤组成员的精诚团结、敢为人先，与杨婷婷老师密不可分——她能很快地想到合适的方案，并以自己最热情饱满的情绪感染每一位成员。

装千人餐

"和学生的沟通交流同样具有磨合期，也有因为物资收发不是很准确、没有落实到人而进行过严厉批评，但是后来同学们做事的专注度和认真程度都有了很大的提高。尤其是后勤组组长朱林老师，后勤组的工作离不开他的统筹以及对我的信任支持。在学校各部门、校团委、各院分团委老师以及上百名后勤组同学的共同配合和努力下，才有我们今天的成功。"

时隔一月有余，回想起那段和同事们、同学们辛苦筹备的光阴，杨老师依然动容——伴着月光，他们目送着训练队员离去，成为那时法大最晚睡的人；踏着朝阳，他们在操场摆出三道"流水线"，开始了千人餐的分装；载着夕阳，他们在学生活动中心，等待每位训练归来的队员领取自己的物资……从六月的盛夏，到十月的金秋，杨婷婷老师每次都陪伴着她的组员往返于学校与训练场之间，披星戴月，从不言苦。她是"法大飞机"起航的见证者和守护者，也正是她的坚持与辛勤付出，让她与另外三位老师一同获得了"北京市筹备和服务保障中华人民共和国成立70周年庆祝活动先进个人"的殊荣。

家校之间，巧妙平衡

每个人在生活中都扮演着不同的角色，对于杨老师而言，她既是学生心中无微不至的良师，也是父母膝前孝顺体贴的女儿，还是孩子眼中勤劳慈爱的母亲。2018年是法学院建院40周年，身为法学院分团委书记的杨老师要负责多项工作，加班更是家常便饭。因为爱人不在北京，她要独自接送自己五岁的孩子上下学。而熟悉她的人都知道，在她忙起来的时候，小朋友也会陪她一起加班。对此，她坦言道，"在工作特别忙的时候，甚至恨不得长出三头六臂，来把每件事都做好"。回想起去年的"分身乏术"，杨老师笑言道，"今年孩子大一些了，也听话了许多"。开始的时候，孩子会因为母亲的离开而大哭，"不舍也没有办法啊，既然选择了后勤组的工作，就得坚持下去"。为此在训练前她便开始安抚孩子。在工作过程中，她也曾带着孩子一起观看同学们的训练。那天，大家穿着正式的服装、拿着道具，整齐地排列在操场上,大声喊着"祖国,我爱你"。这一场面让在操场角落的小朋友开始懵懵懂懂地知道这个活动的意义,也逐渐让他理解、支持母亲的工作。

青春汗水,播撒法大

2006年,杨老师离开了陪伴自己七年的母校吉林大学来到法大法学院工作。在七月的烈日下,她与法大十余年的牵绊开始了。入职至今已有十三年光阴,这十三年里,她辅导了一届又一届的法大学子成才。"年轻时无家庭生活的压力,恨不得24小时都在工作上。当时白天中午开会,而活动基本都在晚上,可以说是连轴转了。而现在需要照顾家庭,但我还是很乐意与学生们在一起。"

每每想起她带的第一届学生,在学生毕业典礼上的《肆年》,记录了四年的点点滴滴,都令她感动不已。"感觉和他们重新经历了一次大学生活。当很多场景重新浮现时,不禁感叹时光飞逝,自己也重新成长了一次。看着学生们成长变化,自己还一直在学校,感觉就好像回到了原点。"看着面前一张张自己与学生的合照,杨老师的脸上写满了满足与骄傲。

随着工作年份的增加,杨老师感到需要学习的东西也越来越多,如何在日新月异的当下提高工作效率;如何与一代又一代个性鲜明的新生相处,这是一门学问。而她的答案是,在交流中学习。"相比于静下心来看书,我更乐意与同学们打交道。"这样一句简单的回答中包含着她十余年的坚持和与学生们沟通的心得体会。

一年年的真心付出,让杨老师在收获播撒向祖国各地的万千桃李的同时，也得到了学校和社会的广泛认可。2011年，杨婷婷老师获得"全国高校辅导员年度人物"提名奖，成为法大仅有的两位获得此项殊荣的辅导员之一。

十三载光阴荏苒，对同学们的真心付出，在今秋汇聚成美好的回忆，回馈给在岗位上挥洒汗水与青春的杨婷婷老师；十三年风雨无阻，前路漫漫，而她，将继续在自己的岗位上守护每一位学生，目送他们在更广阔的人生天地中乘风破浪，扬帆远航。

康乾伟：奋斗是对祖国最好的告白[*]

孙可一　康卓吉　段梦圆

夏末夜幕降临，运动场上，康乾伟仍在认真地训练他所负责的中队。虽然嗓音略显嘶哑，但带着军人特色的口号依旧掷地有声，激励着游行方阵的成员们一遍遍地练习。

那些年轻的面孔让他想起了蔚蓝天空下的橄榄绿，也让他更加期待能承担起这份光荣的责任，在22方阵以独特的方式烙下自己的印记。

康乾伟，法律硕士学院2019级学生，2016年志愿参军入伍，曾服役于武警西藏总队机动第三支队，在役期间表现优异，多次获得"优秀士兵""军事训练标兵"等荣誉称号及嘉奖。2018年，康乾伟退伍返校，负责所在学院2018级本科新生军训工作。2019年暑假期间，康乾伟主动辞去实习工作，推迟司法考试计划，积极参与国庆70周年群众游行活动并担任辅助教练，协助完成整个方阵的训练工作。

用拼搏丰盈青春

"参军入伍，是我做过的最正确的决定。"这是康乾伟重温那

---

[*] 作者：孙可一，中国政法大学法学院2018级本科生；康卓吉，国际法学院2019级本科生；段梦圆，中国政法大学商学院2019级本科生。

段虽短暂但意义深远的军旅生活时的回答。回想起入伍前的本科生活，他有些遗憾与懊恼：由于没有制定好详尽可行的规划，本科四年，许多时间都被无意义的忙碌浪费了；那些能够完善塑造自我的尝试，也因惰性和畏难情绪被搁置废弃了不少。而大四那年参军入伍的选择，成为他实现自我改变的关键节点。

在部队时，支队不但每年都会制定全年的训练目标，而且会根据实际的效果和进度安排调整每月的训练计划。在周末和月末，支队还会定期举行总结反思会，大家可以通过对计划完成情况的回顾和分析，更具体地了解自己的收获，明晰自己的不足。退伍返校后，康乾伟仍旧保持着这样的习惯，面对研究生阶段繁重的课业，他没有感到慌乱，而是借助细致详尽的计划合理高效地利用时间；每周的反思帮助他更好地审视不足，也能更有针对性地规划下一周的学习生活。也正因对自我的清醒认知、对目标的准确把握，使得他在得知国庆70周年群众游行活动的消息后，毫不犹豫地选择放弃实习机会、推迟司法考试计划，积极参与方阵训练。

对于康乾伟来说，参军入伍几年的历练，为人生意义的丰富开拓了更多可能，加入国庆70周年群众游行方阵训练数月的全然投入则为自我价值的实现创造了宝贵机遇。

以责任诠释梦想

因为在部队接受过高标准的队列训练，康乾伟被学校选作辅助教官，协助完成对22方阵师生的训练工作。盛夏时节，高温暴晒，对大部分参与方阵训练的师生来说都是一场不小的考验。因此，除了根据整体进度认真安排每日的训练任务，一遍遍讲解要领、示范动作、纠正错误，他还特别关注受训师生的情绪变化。

当训练进入后半程，除了持续的高温使大家的情绪容易焦躁不安，不断重复内容相似的队伍训练也使大家感到乏味和倦怠。消极的情绪在队伍中蔓延，影响了训练的效果，队伍中总有人无法调整好位置，大家开始因为步伐不齐而相互指责，越来越多的人在队伍中窃窃私语、动作缓慢随意。于是，每一次训练后康乾伟都会更加细致地评价大家的进步与不足，帮助大家了解，看似重复无用的训练实际上有重要的作用。此外，他还结合自己在部队的切身经历，与大家分享"任何收获成就都没有捷径"的感悟。

一次训练结束后，一个男生突发急性胆结石被送到医院进行手术。手术结束后，康乾伟特意嘱咐他多休息几天，等到身体完全康复了再来训练。可没想到，手术刚刚结束一天半，这位同学就出现在训练场上，康乾伟既感动又担心，问他为什么不多休息一下，他笑着说："师兄，没事，我可以的。"

队员们的认真和用心，让康乾伟越来越感受到，除了以最好的状态走过长安街，他还有一份更重要的责任：通过严格科学的训练，让22方阵所有成员，在国庆当天展现出独属于法大人的风采。

用奋斗告白祖国

康乾伟有一个小箱子，用来存放那些承载着难忘回忆的物品。游行结束后，他把证件、道具和服装叠放整齐，也收藏进了这个箱子。近三个月的时光随着这些物品一同被封存，他希望这个夏天收获的欣喜与感动可以存留更久，成为能够持续激励自己前行的力量。

回想起在长安街上彩排和游行的情形，除了收到附近居民的问候和矿泉水时的温暖与感动，近距离看到尖端武器装备的震撼与自豪，向革命老兵和他们的子女后代挥手致敬时发自内心的感激与敬意，以及走过天安门前挥舞花束欢呼呐喊时的激动与喜悦……前期彩排时的一幕也使康乾伟念念不忘：凌晨时分的长安街上，当国歌声响起，蹲坐在地上休息的师生们纷纷站起来，齐声高唱"起来，不愿做奴隶的人们，把我们的血肉筑成我们新的长城……"

正是那一刻，正是许多那样微小但熠熠生辉的时刻，让原本宏大抽象的"爱国"变得生动具体、真实可感，也让康乾伟以及每一个为国庆70周年群众游行付出努力的人们深深感受到：自己作为历史的参与者，正在用奋斗向祖国深情告白！

胡沛然：用成长为祖国献礼*

徐菡蕊　陈昊昕　董嘉铭

第一次走上长安街，还是少先队员的他，虽然只是"七色光"中一抹不起眼的绿意，却在青葱岁月用汗水将训练服染绿；第二次走上长安街，已是法大学子的他，不顾脚上每时每刻传来的疼痛，伴着《宣誓号角》的节奏踏出铿锵有力的每一步。十年光阴流转，两度国庆记忆，他用成长和体悟为祖国母亲献礼。

和祖国妈妈站在一起

十年前的盛夏，在父母的鼓励下，正在读小学五年级的胡沛然参与了国庆60周年群众游行活动，成为"七色光"背景方阵中的一员。他和其他八万多名老师、同学一起，组成天安门广场上的一道彩虹，同时唱国歌、敬少先队礼，献给祖国母亲。"我与祖国共奋进"——这句口号至今仍深深刻在他的心里，或许当时的他并不明白其深意，但却有着自己的理解。每一次训练时，小沛然都顶着巨大的花环站得笔直，因为他知道，"我和祖国妈妈站在一起"。

一次正式合练，天安门广场的地面蓄了许多积水，好巧不

---

* 作者：徐菡蕊，中国政法大学商学院2018级本科生；陈昊昕，中国政法大学商学院2019级本科生；董嘉铭，中国政法大学民商经济法学院2019级本科生。

巧，小沛然的点位就在一个较深的水坑中，但他却没有丝毫迟疑地站了进去，从晚上 10 点一直到凌晨 4 点，一站就是好几个小时。训练结束后，他的双脚因泡得太久而发白肿大。又有一次训练，暑热难耐，头顶的绿色花环亦沉重无比，不断有同学因体力不支晕倒，小沛然却还在坚持着，"再坚持一下，祖国妈妈和我站在一起呢"，他在心中为自己打气。轻轻晃了晃头，再睁眼时，熟悉的景致却忽然变成了绿色，仿佛坠入《绿野仙踪》里的翡翠城，小沛然惊讶地抹了抹眼睛，却发现手背也变成了绿色，原来是天气炎热，头顶的花环将汗水染成了绿色。那个夏天，小沛然的训练服经历了一场又一场"绿雨"的洗礼，绿色的印记总是洗了又染，染了又洗，直至再也洗不掉，变成专属于他的"绿色纹章"。至今，这件训练服仍被很好地收藏在家里。

走好法大青年的每一步

十年后的夏天，炎热依旧，少年已长大，初心却依旧不变。报名参加国庆 70 周年群众游行民主法治中国政法大学方阵的胡沛然，早在 7 月 15 日就已到校参加训练。训练时，为了使方阵呈现出更好的总体效果，每一位队员的步幅都应控制在 60cm 左右，但这对于身高 187cm 的胡沛然而言，则有些"小碎步"了。为了调整自己走好每一步，胡沛然在集体训练之余，还给自己"加练"，一次偶然的机会，他发现宿舍的地砖刚好是 60cm，此后，他总会刻意地去踩宿舍的地砖线以调整自己的步幅，直到将"60cm"形成了肌肉记忆。"哪怕是现在，我都会不由自主地跨出 60cm 的步幅"，胡沛然笑着说。

10 月 1 日凌晨，在北侧集合的胡沛然比南侧的室友晚出发 1

小时，当他怀着紧张而激动的心情出门时，却惊讶地发现：黑暗中，室友将他俩的一只鞋给穿错了！但当时室友早已出发，于是胡沛然只能硬着头皮，忍着阵阵疼痛，穿着一只比自己的脚小上两码的鞋，集合、出发、列队。疼痛无时无刻不在挤压着他的神经，但他却依旧带着热情的笑走上长安街，走好"60cm"的每一步，为祖国母亲庆生。游行结束后，校车载着大家返程，在一片欢呼与雀跃中，胡沛然悄悄寻了一处角落换下了这只鞋，此时，他的小脚趾已经因为一天一夜的挤压而变得青紫。

与祖国一起成长

70周年阅兵仪式结束后的国庆假期，胡沛然特意与父母一起"再游长安街"。国庆欢庆的气氛中，当汽车缓缓驶过长安街，他兴奋地给父母指自己曾经"走过的路"，夕阳余晖中，华表、天安门、国旗……一幕幕熟悉的景色再次映入眼帘。每到一处，胡沛然就与父母分享在这里发生的故事，或是夜晚与同伴共同赏月、困倦时提神醒脑的《一二三四歌》，或是老师的一声问候、队友的一句鼓励。恍惚间，他仿佛看见十年前的自己，戴着绿色的花环站在天安门广场上，巨大的花环将他的脸完全遮住，但他脸上的神情却是遮掩不住的满足；看见几天前的自己，一边摇动着手中的花束，一边留意着自己的步幅，脚上的伤哪怕现在都在隐隐作痛，但当时的自己却是那么的开心。

十年，从小学到法大，从花环到花束，从少先队员到入党积极分子，那张圆圆的笑脸与如今的翩翩少年重合，时光在胡沛然身上重叠。或许他只是历史洪流中的沧海一粟，但与祖国母亲一同成长，却是独属于他的国庆记忆。"我与祖国共奋进"，这颗十年前种下的种子，在时间的浇灌下茁壮成长，并且催动他又一次走上了长安街。两次国庆记忆，记录了胡沛然的成长与体悟，见证了祖国母亲的日益强盛，这就是胡沛然十年不变的初心。

成长或许很漫长，需要一生的沉淀；或许很短暂，只在恍惚一瞬间。但对于胡沛然而言，将成长镌刻在两次国庆记忆中，用自己的时间记录祖国的日益强盛，让自己的成长伴随祖国的"成长"，用成长为祖国献礼，这就是成长最好的模样。

黄琼芬：22方阵的"最美备份"[*]

冯思琦　郎　朗　秦新智

"臂要摆直，腿要抬高，腰板立正，目视前方"，伴着紧张忐忑的心情，前一天还在看台上为方阵放音乐的黄琼芬此刻已成为方阵中的一员，第一次以方阵成员的身份参与训练，激动之余更多的是紧张。从法大校园走到长安街，她是22方阵的"最美备份"，也在"备份"之路上遇见了更好的自己。

黄琼芬，人文学院2017级本科生，庆祝中华人民共和国成立70周年群众游行民主法治中国政法大学方阵成员，"首都教育系统服务保障国庆活动宣讲团"成员。从后勤保障人员到替补人员，再到国庆当天正式上场，她经历了数次转折，有过失落和纠结，也有惊喜与收获。在整个暑假的准备过程中，汗水与付出见证了"最美备份"的成长。

集结，挥汗怀热忱

8月9日的法大校园，紧张有序的国庆游行训练队伍中集结起一个特殊的中队——第20中队。与已经训练十多天的其他中队不同，20中队又被称作"替补中队"，全队的26名成员没有固

---

[*] 作者：冯思琦，中国政法大学人文学院2018本科生；郎朗，中国政法大学人文学院2019级本科生；秦新智，中国政法大学政治与公共管理学院2019级本科生。

定的点位,"哪里缺人,我们就补到哪里",黄琼芬便是20中队中的一员。

替补中队没有固定的点位和动作,却需要将不同区域的三套动作了然于胸,在其他中队排面缺人的时候进行完美地补充衔接,这给替补中队成员的训练带来了更高的难度和挑战。对于他们来说,每次合练的补位都是随机的,"哪位同学生病或是临时有事请假,我们就补到哪里"。在这期间,20中队成员将一次次外出合练看作生动的游戏关卡,而他们也在其中探索出属于自己的独家秘笈。长安街的合练分成南北两区,"包夹彩车"的过程需要方阵成员迅速找到自己的点位站好,而位置并不固定的20中队成员为了尽快找到属于自己的临时点位,便早早在脑海中模拟出一张具体的"点位图",并将标志性的点位熟记于心,"彩车后一排的横坐标是36,中轴线的纵坐标是29,再根据这些已知点位迅速寻找到自己的位置。这就像是一种挑战游戏,我每次都想着用更短的时间找到自己的位置",黄琼芬笑着回忆。

忽转,梦圆长安街

随着正式亮相的临近,黄琼芬的内心不免失落。"作为备份,我知道自己的方阵体验可能就定格在9月30日了",曾踏着星光走过长安街,曾披着月色进过阅兵村,却没有机会以正式成员的身份走过国庆节的天安门,这样想着,她的遗憾涌上心头。

9月30日下午,距离方阵正式出发不到12小时,同楼层的方阵好友整理好服装,兴奋地等待着明天的正式亮相,看着大家的激动雀跃,黄琼芬的遗憾和失落再次涌了上来。惊喜总在意料之外,20中队队长孙宏毅的语音消息让她激动地从床上跳了起来，"由于担心现场突发状况，方阵需要后备人员随行前往现场"，这意味着她有机会亲临10月1日的天安门广场，甚至真的能够如愿走过长安街！0点40分，她所在的南区队伍集结出发，原本漆黑的校园此时灯火通明，22方阵1063名成员做好了最后的准备。

抵达国庆群众游行现场的20中队被告知可以在原本的方阵中添加一排，这意味着除了为其他中队进行必要的补位，剩余的替补成员也能悉数上场，为祖国70华诞献礼！"民主法治"方阵正式亮相的那一刻，"飞机梯队"刚好从上空飞过，"当时特别想抬头看，但我知道必须忍住好奇"，她在激动之余更多了一种责任，"我们必须走好这最后的，也是仅有的亮相"。

回首，遇见更好的自己

黄琼芬的"国庆梦"在长安街得以圆满实现，但她的方阵之旅并没有就此画上句号。10月24日，她被人文学院推选为代表，参加"首都教育系统服务保障国庆活动宣讲团"的校内选拔。回想自己的方阵之旅，从后勤到替补，再到正式上场，她笑着回忆，"两个多月来，我的方阵之旅充满了波折和惊喜，很想把自己的故事讲给大家，哪怕只是备份"。

从11月4日正式确定宣讲团成员，到14日开展宣讲活动，仅有的10天时间，对于不熟悉演讲的黄琼芬而言，可谓紧迫万分，"我要讲述的不仅是我自己的故事，更是我们整个20中队的备份故事"。"把小事做到极致，就是一种成长，做22方阵的'最美备份'！"来自朱林老师的鼓励点醒了还在为主题困惑的黄琼芬。在团委赵中名、乔逸如等老师的帮助下，从选题撰稿到字斟句酌，她将演讲稿修改了整整8遍，细节的润色打磨更是不计其数。"能够胜任不同的角色是能力的进步，更是来自成长过程中的自信，要始终带着这种自信的感觉去演讲。"在李秀云副校长言传身教的指导下，从情绪表达到神态仪表，黄琼芬以更加自信的姿态走上讲台，讲述自己的故事。

11月14日，在山西医科大学和山西省实验中学的两场宣讲活动顺利进行，站在台上的黄琼芬娓娓讲述自己的国庆故事，"哪怕真的止步长安街，我也不会后悔，把一件看似平凡的小事努力做好，于我而言就是很大的成长"。